あきらめない心で

お母さんはＩＴ博士

金子朋子

第三文明社

あきらめない心で

――お母さんはＩＴ博士

目次

第2章

創春の誓い

博士号への挑戦と家族の絆

第3章 価値創造の牙城で 大学教授として夢の扉を開く

第４章 研究は力

ＡＩ／ＩｏＴ時代のシステム安全

装画・イラスト　もりたゆうこ
装　幀　平柳豊彦／平柳直彦（有限会社サンユウシステム）
本文デザイン　安藤聡
写真協力　佐藤賢治
創価大学理工学部 金子研究室 金子コンタクトグループ
著者／金子家／中山家
編集協力　中野千尋
西村宏子
編集ディレクション　朝川桂子

序章　大いなる希望

一冊の本に魅せられて

清らかに、そして懸命に

私には幼いころ、「社長」「作家」「教師」という3つの夢がありました。父は会社の経営者で、母は専業主婦。私は3姉妹の長女でした。当時のわが家には祖母と叔母（父の妹）も同居しており、父以外は女ばかりというにぎやかな家族でした。

30代で起業した父は、「娘ばかりで跡継《あとつ》ぎがいない」と、常に残念がっていましたので、私は「どうして女の子に生まれてしまったのかな」という気持ちとともに、長女としての責任感から「自分が親の会社を継がなければいけないのだろうな」と思っていました。そして、「勉強では男の子に負けたくない」と、いつも心のどこかで男性をライバル視しているような子どもでした。

本を読むことや考えることが大好きだった私は、「頭に浮かんでくるいろいろな考えを、いつかオリジナルな形にして世の中に残したい」と、モノを創《つく》り、表現することへの強いあこがれがありました。

そして、人に何かを教えることも好きだったので、「学校の先生になっ

高校１年生のとき、家族と一緒に（左から祖母、長妹、著者、次妹、父、母）

てみたい」とも思っていたのです。ですから、大学時代には教職課程を履修《りしゅう》し、中学校での教育実習も経験しました。

結果的に、父の会社の経営は私の夫が携《たずさ》わっていますが、私自身も研究を活《い》かしたスタートアップ（小規模なベンチャー企業）を立ち上げたところです。

大学を卒業するときには、教員ではなく会社員（システムエンジニア）の道を選んだ私でしたが、数十年後に思いがけず大学教員に転身《てんしん》し、念願の教壇に立つことになります。論文をたくさん発表したり、こうして自分の本まで出版できるようになり、不思議にも私の思い描いた3つの夢は、一つひとつ実現されつつあります。

高校生のころの私は、「人生とはいかにあるべきか」と真剣に悩んでいました。そんな高校2年生の6月、人生の師匠である創価大学創立者・池田大作先生と目の前でお会いする機会があり、ハスの花のポスターをいただき、激励を受けたのです。池田先生はかつて、少年少女に贈った詩の中で、ハスについて次のように書かれています。

蓮華《れんげ》は泥中《でいちゅう》より出《い》でて花開く
栴檀《せんだん》も大地から生《しょう》じていく
ほんとうの人材は　名もない庶民《しょみん》の
辛苦《しんく》の青春のなかに
はぐくまれていくものだ

（『池田大作全集』39巻所収　長編詩「大いなる希望」より）

美しいハスの花を目にした私は、「これから社会に出て、泥《どろ》まみれになるようなことがあっても、清らかに、懸命に生き抜《ぬ》いていこう!」と決意し、それ以来、ひたすら真面目《まじめ》に勉強に励み、慶應義塾大学文学部人間関係学科に現役《げんえき》で合格しました。

当時はバブル全盛期の女子大生ブームでしたから、大学に入学して最初にやったことは、海外の高級ブランドの名前を覚《おぼ》えることでした。慶應には、親に買ってもらった外車を乗り回したり、ディスコを借り切ってテニスサークルのパーティーをするような華やかな学生もたくさんいました。

大学時代に出合った座右の一書

さて、文学部出身の私がどうして現在、創価大学理工学部で教えているのか、不思議に感じる方もいらっしゃると思います。

私は高校時代から「文系」「理系」の二分法に疑問を抱いていました。学問を既成《きせい》の枠にはめて片方を放《ほう》り投げてしまうのではなく、貪欲に何でも学ぶべきだと思うのです。世界を見ても、「文系」「理系」という分け方をしている国は日本しかありません。領域横断的な知識と知恵を習得できる文理融合《ゆうごう》こそ、大学教育が進むべき道ではないでしょうか。

私は、英米文学やフランス文学、心理学や日本史学を学びたくて文学部に進学したわけではありません。慶應の文学部は他専攻・他学部の講義も受講でき、自由に何でも学べるカリキュラムがあったのです。法律や憲法、情報処理や図書館情報学などをはじめ、リベラルアーツ（教養）に近い授業の取り方をして幅広い学問を学びました。教育学を専攻した私は、社会学系の教育行政学に興味を持ち、次第に「社会を改善できる科学を学びたい！」と思うようになりました。

そんなある日、祖母が持っていた『科学と宗教』（池田大作著／鳳書院）をたまたま開いてみた私は、ページを手繰《たぐ》る手が止まらなくなってしまいました。「科学と宗教」は、相反《あいはん》する水と油のようなものではなく、仏法は科学が解明できていない難問《なんもん》をすでに説き明かしており、科学が発展すればするほど仏法の正しさが証明されるとの池田先生の洞察に強い衝撃を受けたからです。

〈真実の科学者は、宗教に関してはつねに敬虔《けいけん》な態度でのぞみ、けっして、科学万能的な考えを持ってはいない。むしろ、科学の限界を知悉《ちしつ》しているが故に、謙虚《けんきょ》である〉

〈科学は、その発見した真理《しんり》を、人類の福祉と平和のために貢献せしむべきであり、科学文明のかかる方向への発展は、人類の願望であるといえよう〉

〈真実の宗教は、本来、もっとも科学的なものであり、科学となんら矛盾《むじゅん》するものではない。むしろ、科学が進歩すれば、するほど、仏法の正しさが証明され、その理解がますますたやすくなるのである〉

現在も研究室のすぐ手の届く本棚に置いてある『科学と宗教』

この本を読んでからの私は、コンピュータ情報処理論を勉強してみたり、さまざまな文献を調べたり、思索を重ねる中で、「仏法の真髄《しんずい》に科学の分野からアプローチするために必要なのは、コンピュータと人工知能（ＡＩ）だ」と確信しました。

こうした学びのおかげで、私は後年、社会人大学院で情報学を猛勉強して博士号を取得しました。「科学技術を身につけたい」「人工知能にかかわる仕事をしたい」という私の〝大いなる希望〟が叶《かな》っていったのです。

第1章

女性が輝く時代へ

社内初のテレワーク制度を創設

NTTデータに1期生として入社

大学在学中の1985年（昭和60年）、男女雇用機会均等法が制定されました。この法律ができるまでは、四年制大学を卒業した女性はなかなか望むような就職先が見つかりませんでした。どんなに優秀であっても、「女である」という理由だけで就職差別をされていた時代があったのです。超スーパーエリートを除いた大多数の女性は、「大学なんて出たところで使いものにならない」と見られていました。

「25歳クリスマスケーキ理論」（25歳を過ぎた女性は婚期を逃《のが》し、12月25日以降のクリスマスケーキのように価値が下がる）という失礼な言説《げんせつ》がささやかれていた当時、女性は寿退社《ことぶきたいしゃ》（結婚退職）が奨励され、30歳までに結婚しない女性は肩身が狭い時代でした。それが法律の制定によって、男女それぞれ平等に採用される（という建前《たてまえ》の）時代に切り替わったのです。

大手企業は女性の積極採用を行い、私は１９８８年（昭和63年）、ＮＴＴに就職。「電話部門とコンピュータ部門、どちらの仕事をやりたいですか」と問われた私は、迷わずコンピュータ部門を選びました。スマホや携帯電話が普及する前ですから、電話というのは、各家庭や会社にある固定電話を指します。

当時、「帰るコール」という言葉が流行《はや》っていました。帰宅する前に公衆電話にテレホンカードを差し込んで「これから帰るね」と電話をかけるのです。携帯電話どころか、ポケットベルさえなかった時代、人々はこうして連絡を取り合っていたのです。

一方、コンピュータとは、主にオフィスコンピュータ（オフコン）のことで、会社や大学などで研究者がいじる「箱」でした。パーソナル・コンピュータ（パソコン）はまだ普及しておらず、もちろん、ノート型パソコンやタブレット端末もありません。インターネットも普及前でした。

そんな時代に社会に出た私ですが、「この先、コンピュータが世の中の人々のコミュニケーションに役立つ時代がくるのではないか」とおぼろげながら予想していたので、「まずはエンジニアとして、システムを全部知っている人間になることからはじめよう」と思いました。

そして入社直後の7月、ＮＴＴから分離独立してＮＴＴデータ通信（現・ＮＴＴデータ）が設立され、私は1期生として働きはじめることになりました。

女性の社会進出に戸惑う企業

２０２４年（令和６年）４月から放映のＮＨＫ朝の連続テレビ小説『虎《とら》に翼《つばさ》』では、１９４０年に日本で初めて弁護士（のちに裁判官）になった女性の奮闘が描かれ、話題になりました。戦前は女性が四年制大学に通《かよ》うことすら難しく、弁護士になることなんて夢のまた夢でした。

さらに１０００年前の清少納言《せいしょうなごん》や紫式部《むらさきしきぶ》の時代まで遡《さかのぼ》ってみても、自分の思いを和歌や日記や長篇小説にして発表できたのは、ごく一部の上流階級の女性だけの特権であり、99・９パーセントの女性は男性より一段も二段も下に置かれていました。

こうした１００年前や、１０００年前と比較しても、当時の日本における男女差別の実態はあまり変わっていなかったように思えます。

私が社会人になった１９８０年代後半は少しずつ状況が改善されつつあったものの、職場環境は悲惨な状況でした。

私は、最初の1年間は研修期間として、新入社員などが集められていたソフトウェア開発部門でプログラムをつくる仕事（プログラミング）をしていました。プログラミングはコンピュータを動かすために必要な言語、つまり言葉を扱います。数学はさほど得意ではない私も、言葉は得意でした（ただし、ＡＩなど特定の分野では数学的概念《がいねん》が必要になります）。

言葉の定義と処理を決めれば動いてくれるプログラミングは魔法のようで新鮮でした。東京先物取引所《さきものとりひきじょ》設立時のシステム開発業務に携《たずさ》わり、自分のつくったものが社会で役立つことにやりがいを感じる日々でした。

その後、本格的に現場（直接の顧客がいる部署）に配属されると、そこには派遣社員や事務職の女性が少しいるだけで、正社員の女性は私だけ。少数派の私は男性社員から冗談半分に「大卒ねえちゃん」とからかわれました。そもそも四年制大学を卒業した女子社員が少なかったため、何かと注目されていたのです。

かつて、ＮＴＴが電電公社《でんでんこうしゃ》だった時代、女性は高卒で入社してから寿退社するまで電話交換手や電話料金の計算などの仕事をするのが通例でした。そういう企業風土のところに私が配属されたので「四大（四年制大学）を出た女の子が入ってくるらしいぞ。何をさせればいいんだ」と、受け入れる側も困惑していたのだと思います。

そうした中で、私はコピー取りやお茶汲《く》みなども一生懸命にやり、人一倍勉強に励んで、関係会社の人たちに頭を下げながらコミュニケーションを取り、必死で仕事を覚《おぼ》えていきました。

ハラスメントは日常茶飯事

私が配属されたある現場は、コンピュータシステム提供の超繁忙期《はんぼうき》だったこともあって、まるで男子校の運動部のような雰囲気でした。「24時間戦えますか?」という栄養ドリンクのコマーシャルが話題になったとおり、労働基準法など関係なく、朝から晩まで働き詰めの男性たちばかりでした。

システム運用に関するトラブルも多かったので、男性社員は通勤定期も持たずに何週間も職場に泊まり込んで仕事をしていました。毎日夜中まで働いて、ソファに倒れこむように仮眠をとり、カップ麺《めん》をするような生活。週末になると、彼らの家族が着替えを届けにやってきて、汚《よご》れた洗濯物を持ち帰るのです。

私だけはさまざまな配慮から、どんなに遅くまで残業しても、いったん、家に帰らせてもらっていました（それもある種《しゅ》の男女差別だったとは思いますが……）。翌朝、出勤すると、仮眠していた男性たちがノソノソと起き出して、「銭湯《せんとう》に行ってくるわ」と出ていきます。まるで住み込みで働く工事現場や採鉱《さいこう》の現場のような過酷《かこく》な職場でした。

あのころは嫌煙権《けんえんけん》という言葉もなく、職場ではデスクで男性たちがタバコをスパスパ吸っていたり、さまざまなハラスメントも蔓延《まんえん》していました。父親以外、女性ばかりの家族で育った私は、こうした状況が本当にショックで〝こんな職場、もう辞《や》めてしまいたい〟と思ったことは何度もありました。でも、そのたびに〝この仕事は専門職だから、一人前になるまで5年間は辛抱《しんぼう》して頑張ろう〟と思い直し、一層真剣に仕事に励みました。

その後、初めて日本に導入された「航空機データ通信システム」（人工衛星を介《かい》して日本の上空を飛ぶ航空機と地上を結び、通信するシステム）の開発・保守・運用を中心に担《にな》う仕事に携わった私は、身長の何十倍にもおよぶ量のシステム全体のソースコード（プログラム処理自体のテキストファイル）の概要をすべて頭に入れて、世界中の航空会社の要望に応じて、一人でプログラムの改修をし続けました。一人、空を見上げながら、「だれも知らないけれど、私も日本の空の安全を守っているんだ」と、誇らしい気持ちでした。

この5年間の経験は、エンジニアとして大きな自信となりました。

産休・育休明けは「浦島太郎」

私が入社した時代は、政府が「日本もこれから国策としてIT（情報技術）に力を入れていかなければいけない」と考えはじめたころでした。IT業界ど真ん中のNTTデータは、こうした事業にさらに力を入れていくため、女性を総合職として採用しはじめました。

NTTデータは、当時の日本企業ではめずらしく、産休と併《あわ》せて、子どもが3歳になるまでの育休が認められていたので、いずれは結婚・出産をしたいと考えていた私にとっては最適な職場でした（この制度を活用して長く働き続けている女性は少数派でしたが……）。

1996年（平成8年）に結婚した私は2人の息子を産《う》み、1997年（平成9年）から2002年（平成14年）まで4年半にわたって育児休暇を取得しました。

ところが、その間に一気にインターネットの時代が到来してしまったのです。ＩＴ業界は他の業界より7倍速く技術が進展すると言われ、変化のスピードの速さが「ドッグイヤー」（成長の早いイヌの1年は人間の7年分に相当する）と称されてきました。

育児休暇を終えて職場復帰した私は、まさしくドッグイヤーの洗礼を浴び、「浦島太郎」状態になってしまったのです。自分だけが置いてきぼりにされている現実に直面し、〝女性たちが育休を取得しないで、結婚や出産を機に会社を辞めていくのは当たり前だ〟と心の底から思いました。

システムエンジニアなど、ＩＴの仕事は長時間労働で、夜11時ごろまで残業するのは当たり前でしたから、女性は育休後に復職して時短勤務を選ぶことなく、退職して専業主婦になっていきました。私と同期の女性社員も、大半が結婚か出産を機に退職しました。

働く母たちの声を集めてテレワークを社内制度化

「育休なんて取ったら、出世はできない！」

こうした事情を、私はあとから他の女性社員に聞いて初めて知りました。その部署には、女性は私だけだったため、だれも教えてくれなかったからです。育休を取り終わった私が職場復帰したとき、長男は5歳、

育休中の著者と３歳目前の長男（左）、生後６カ月の次男（右）。夫の実家・秋田に帰省する途中、立ち寄った福島県・会津にて（2000年）

次男は2歳。私は短時間勤務の制度を駆使《くし》しながら、無我夢中でやりくりしました。しかし、何をどう頑張ったところで、職場における当時の評価は「質」より「量」が基準だったのです。上司からも、「あなたがどんなに頑張っても、育児をしながら仕事をしたのでは量が足りないからダメなんだ」とはっきり言われてしまいました。

ＮＴＴデータでは結婚・出産にともなう女性の離職率が非常に高く、女性のために環境を整えることは切実な課題でした。育休や時短勤務だけでなく、子育てをしながら働き続けられる制度が必要だということに、多くの人が気づきはじめていたと思います。

ちょうどそのころ、同期の社員から「社内にテレワーク制度をつくりたい。手伝ってもらえないか」と声をかけられたのです。私は、二つ返事で引き受け、社内ボランティアグループの一員として活動をはじめました。そして、〝せっかくテレワーク制度をつくるのであれば、だれもが気兼ねなく自由に使える制度にするべきだ〟と考えるようになったのです。

テレワークは、ＩＣＴ（情報通信技術）を活用して、場所や時間にとらわれない柔軟な働き方を可能とするもので、一部の人だけの特権ではありません。小さな子どもの面倒を見ている人もいますし、自宅で親の介護をしている人もいます。ケガをして通勤が困難になってしまったり、地震や自然災害が起きたりしたときにも、自宅で仕事ができるメリットはたくさんあります。しかし、ちょうどそのころ、「個人情報保護法」が制定されたことで情報漏洩《ろうえい》のリスクが社会問題となり、テレワーク制度の導入に反対する人も大勢いました。

どの企業にも、外部に漏《も》れてはならない機密情報がたくさんあります。

自宅の仕事環境が会社の中と同じとは限りませんし、情報セキュリティが甘くなる場合もあるかもしれません。テレワークを導入したことによって、情報漏洩のリスクが高まったり、事故を起こしたりするわけにはいきません。〝どうすれば自宅でも安全に仕事を進められるだろうか〟と、テレワークの運用方法をみんなで必死で調査しました。そして、多くの人に「テレワークは安全です。会社で作業するときに比べて仕事の効率が落ちることもありません」と納得してもらうため、実証実験をしてデータで説得しようと考えました。

私たちは、2年以上にわたってNTTデータ全社でテレワークトライアルを行い、「自宅でテレワークをする場合、会社で仕事をしているときよりも生産性が落ちるかどうか」「家で仕事をしたときに、効率がどれくらい上がったか下がったか」を計測し、数値化して示しました。上司にもお願いして、「部下が手がけた仕事の内容と出来《でき》について」のアンケートも実施しました。すると、週2回程度、自宅で仕事をしても、生産性は下がらないことが確実なデータとして証明されたのです。

情報漏洩に関しても、「リモートデスクトップ端末」を利用することで自宅での業務が可能となりました。

こうして、テレワークに反対していた人たちにも数字で納得してもらい、その成果によって、２００６年（平成18年）には「テレワーク推進賞」（主催＝一般社団法人・日本テレワーク協会）において「優秀賞」を受賞しました。

その後、ＮＴＴデータの制度を参考にして、ＮＴＴグループの関連会社でも同様の制度がつくられていきました。

日本中に普及したテレワーク

こうしたテレワークは、のちに思わぬ形で活《い》かされました。

２０１１年（平成23年）３月11日に起きた東日本大震災の際には、東京都心が最大震度５強の地震に襲われ、東北地方はもとより、日本中の物流が滞《とどこお》る中で継続的にビジネスを続けるために、ＮＴＴデータでは全社員がテレワークをすることになりました。

２０２０年（令和２年）には新型コロナウイルスの感染拡大防止のため、緊急事態宣言が発令され、人と人が直接会えなかった時期に、テレワークやオンライン会議が一気に普及しました。この制度を多くの人々が求めていたのです。

かつて、育休中の女性は仕事をせず、ずっと家に閉《と》じこもり、子どもと向き合う毎日でしたが、いまや自宅で仕事をするスタイルは、多くの労働者にとって当たり前のデファクト・スタンダード（事実上の標準規格）です。大変な思いをしながら、通勤や仕事、家事、子育てに奮闘している女性たちのワーク・ライフ・バランス（仕事と生活の両立と調和）のために、テレワークはどうしても必要な仕組みでした。頑張って制度を構築したことにより、多くの女性社員がキャリアをあきらめずに働き続けることができています。

コロナ禍《か》の15年以上も前に、自らの産休・育休をきっかけに、社内の働く女性たちの声を結集してテレワーク制度の創設にかかわることができ、多くの人の協力で実現できたことに感謝しています。

ＮＴＴデータは現在、育休後の女性の復帰率が97・２パーセント、管理職における女性社員の割合も18・１パーセント（２０２０年実績）と、女性が活躍できる環境が整い、「女性にやさしい会社」として発展を続けています。

こうして社内に充実したテレワーク制度が完成し、働き方改革に役立てたことは、大きな自信につながりました。さらに〝こうした制度を活用することで、スペシャリティ（専門職に従事するための特別な技能）を磨くことができるのではないか〟と思った私は、〝もっと勉強して知識を身につけたい！〟という欲求に突《つ》き動かされていました。

国内初の大規模なサイバー攻撃を経験

かつて、ＮＴＴデータは、セキュリティを脅《おびや》かされる大事件に巻き込まれたことがあります。

変造被害は約500億円　パチンコカード最大手「ＬＥＣ」

パチンコのプリペイドカード（ＰＣ）の変造問題で、カード発行会社最大手の日本レジャーカードシステム（ＬＥＣ）は、変造被害が500億円近くにのぼり、今年３月期決算が250億円程度の当期赤字に転落する見通しになった。（略）ＰＣ事業は、脱税防止といった「業界健全化」を旗印《はたじるし》に、警察庁や国税庁が呼びかけて始まった。1988年に東日本中心のＬＥＣ、89年には住友商事とＮＴＴデータ通信などによる日本ゲームカード（西日本中心）の２社で全国を二分。両方のカードを互いに使える共通カードとなっている。警察、業界あげての推進で、全国のパチンコ店の７割に導入された。（1996年５月16日付『朝日新聞』より）

新聞報道のとおり、1990年代、プリペイドカードの変造が続発しました。違法プリペイドカードを持った犯罪者グループが組織的に動き、国内のパチンコ店などで現金を不正に入手したのです。

プリペイドカードは、もともと脱税を防ぐために警察や国税庁の意向でつくられたものです。NTTデータは、プリペイドカードのシステムを構築した企業の一つでしたが、システムが悪用されたことにより、多大な損失を生み出してしまったのです。このような大きな社会的問題を引き起こしたシステムを改善するため、社内から多くの開発要員が集められました。私も、その一員として、犯罪者グループといたちごっこを繰り返すシステム開発に巻き込まれていきました。一連の事件で、多くの社員が精神的に傷つき、自責《じせき》の念《ねん》に駆《か》られた同僚もいました。

想定外の悪意の出来事に遭遇した私は〝いったい、自分は何をすればよかったのだろう?〞と悩みました。この苦い経験から、私の心の奥底には、〝いつか情報セキュリティについて研究したい〞という願望がずっとあったのです。

コンピュータ業界の一つひとつのシステムは、多くの人たちの血と汗と涙によってできあがってきました。その努力の結果、ユーザーが便利な生活を享受《きょうじゅ》できているわけです。私たちが日常的に利用しているパソコンやインターネットは、とても便利な道具ではありますが、悪用もできてしまう諸刃《もろは》の剣《つるぎ》でもあります。「世の中には悪いことを考える人がいくらでもいる」という性悪説《せいあくせつ》の前提で備えなければいけません。

何の対策もせず無防備なままでは、カギをかけていない家と一緒で、いつでも、どこからでも侵入・盗難・破壊されてしまう危険があるのです。

こうしたコンピュータやインターネットの世界で、いかに堅牢《けんろう》なセキュリティを構築し、ユーザーに安心して利用してもらうのか。AI／IoT※（人工知能／モノのインターネット）時代に不可欠なシステムの安全・安心を追求するため、のちに私は大学院で勉強をはじめることになるのです。

※ IoT = Internet of Things

第2章

創春の誓い

博士号への挑戦と家族の絆

フルタイムで働きながら社会人大学院へ

人生の師匠《ししょう》である池田大作先生は、「幸福の春を創《つく》り広げ」ゆく女性を称《たた》え、青春時代に続く30代、40代を「創春《そうしゅん》」と意義づけました。

私にとって「創春」の時代は、目まぐるしいまでの変化と挑戦、そして選択の連続でした。

NTTデータに入社して9年後の1997年（平成9年）11月に長男が誕生。続いて2000年（平成12年）5月には次男が生まれ、4年半の産休・育休を経て、私は職場に復帰しました。しかし、息子たちを育てながら仕事をする生活は大変でした。

横浜（神奈川県）の自宅から豊洲《とよす》（東京都）にある本社まで電車で通勤するのは、かなりの時間がかかり、体力も消耗《しょうもう》します。忙しく仕事をして、帰宅してからも時間に追われる生活の中で、たためない洗濯物の山が部屋にいっぱい積まれたままでも、部屋にホコリが溜《た》まったままでも、子どもの食事だけは決しておろそかにしませんでした。

夫も私以上に多忙であったため、どうしても手が回らないときには、近所でお店をやっている友人にお願いして、子どもたちのためにお弁当を用意してもらったり、実家の両親の手を借りたりして、ピンチを切り抜けたことが何度もありました。そんな目まぐるしい毎日でも、私の頭の中にはいつも、「サイバー攻撃に立ち向かうためには、何をどうしたらいいのだろうか」という思いが引っかかっていました。

さまざま思いあぐねていたある日。横浜駅の近くにある「情報セキュリティ大学院大学」の看板が目に飛び込んできたのです。その瞬間、〝情報セキュリティ！　私はずっとこれを勉強したかったんだ！　ここなら家からも近いから、働きながら通えるかもしれない！〟と小躍《こおど》りするような気持ちになりました。

情報セキュリティ大学院大学は、「新しい学問の体系化」と「現実の課題解決にあたる専門家の育成」という建学の理念を旗印《はたじるし》に、情報セキュリティの教育・研究ができる体制を整えています。暗号、ネットワーク、システム技術、組織マネジメント、さらに情報セキュリティにかかわる法制や倫理までを包含《ほうがん》し、世界に誇る学術体系をつくり上げており、社会に貢献する情報セキュリティの専門家の育成・輩出を目的としています。

私は早速、幼稚園に通っていた息子の手を引いて説明会へと出かけました。ところが、入り口で守衛《しゅえい》さんに止められてしまったのです。

「ここは大学院です。小さなお子さんを連れてくるところではありませんよ。間違えていませんか？」

「いいえ。私はここで勉強したいんです！」

びっくりしている守衛さんに夢中で説明し、無事に会場に入れてもらうと、なんと、その日の説明会を担当していたのは、情報セキュリティ大学院大学の教授で、私と同じＮＴＴデータ出身だった板倉征男《ゆきお》教授（故人）でした。

「あなたはＮＴＴデータの社員なんですか？」

「はい、そうです」

この出会いをきっかけに、まずは2科目だけお試《ため》しで受講することになりました。もともと勉強が大好きな私は、予習・復習をバッチリやって、毎回の授業に一生懸命、臨みました。

３００万円の学費を会社が支援

私の勉強ぶりをじっとご覧になっていた板倉教授は、ＮＴＴデータの「国内長期留学制度」の活用を勧《すす》めてくださいました。これは、働きながら学ぶことで会社が学費を出してくれるという画期的なものです。

私は、社内にそのような制度があることなどまったく知らず、貯金を取り崩して自費で大学院に通うつもりでいたのです。

板倉教授は、私に内緒で古巣であるＮＴＴデータの山下徹《とおる》社長（当時）に手紙を書いてくださいました。

「ＮＴＴデータの社員の中に、こちらの大学院に通って勉強しているたいへん真面目《まじめ》な女性がいます。彼女をぜひ、ＮＴＴデータから正式に大学院に行かせてあげてほしい」と――。

当時の私にとって、山下社長はほとんど雲の上の人でしたが、板倉教授のおかげで、自分とは別次元で生きていると思っていた社長が、思わぬ形で私のスキルアップへの挑戦を応援してくださることになったのです。

こうして約３００万円の学費を会社に全額負担してもらい、業務として夜間に大学院で勉強できるという奇跡のような展開になりました。

女性社員のロールモデルに

こうして自分の部署だけでなく、人事・労務・総務など、多くの人の応援があり、念願叶《かな》って社会人大学院で学び直しをはじめられることになったわけですが、ＮＴＴデータの人事部長からは、かなり心配されました。

「金子さんが女性社員のために努力してきたことはよくわかっています。お子さんを2人育てながらも、これまで短時間勤務によって頑張ってこられました。しかし、わが社の国内長期留学制度を使って子育て中の女性社員を大学院に通わせた事例は、過去に一度もありません。しかも、この大学院は週に5日も授業がある夜間大学院です。昼間はフルタイムで通常の仕事をこなして、仕事終わりの夜に週5日も大学院に通うのは、相当ハードですよ。本当にできるんですか？」

「はい、やります！」

私は迷わず、元気いっぱい即答しました。

「そうですか……。では、金子さんの頑張りに期待するしかないな。やるからには、あとに続く女性のロールモデル（お手本）になってくださいね」

この人事部長の温かい励ましが私のモチベーションにつながりました。

「そうだ！　後輩たちのためにも、他の女性社員のためにも、必ず力をつけて、この会社で女性たちのロールモデルになれるように頑張ろう！」

7年がかりで博士号を取得

こうして、大学院の前期課程（修士課程）は、２００８年（平成20年）4月から２０１０年（平成22年）３月まで、後期課程（博士課程）には２０１２年（平成24年）10月から２０１４年（平成26年）３月まで通いました。過酷《かこく》な日々だったことは言うまでもありません。

会社の仕事が終わると自宅に飛んで帰り、２人の息子たちの夕飯を急いで準備します。それから自転車に乗って猛ダッシュで大学院に向かい、授業を受ける生活が週5日続きました。

土・日になると、息子が熱中していた少年サッカーの当番があります。夫の都合が悪いときは、グラウンドにノートパソコンを持ち込み、横目で息子をチラチラ見守りながら、必死で論文を書きました。グラウンドで論文を書いている母親なんて、もちろん私しかいません。

仕事からも、子育てからも、勉強からも逃げず、サッカーチームの当番もＰＴＡの役員も避《さ》けない。2足のわらじどころか、3足も4足もわらじを履《は》き替《か》える目まぐるしい毎日でしたが、何とかすべてをやり遂《と》げました。

このとき、かつて自分たちがつくったテレワーク制度のおかげで、私自身が救われました。月曜日から金曜日まで毎日出社するのではなく、テレワークを利用して週1～2日は在宅勤務をする働き方に変えたのです。行き帰りの通勤時間が浮いた分を勉強や論文執筆に充《あ》てるなど時間革命にも挑戦し、無事に博士論文を書き上げました。努力の甲斐あってオールAの成績を修めた私は、念願の博士号を取得。この大学院で博士号を取った女性は、私が第1号になりました。大学院や職場の関係者ほか、支えてくださった皆さまに感謝です。

正社員としてフルタイムで働き、子育てをしながら博士号を取る。この挑戦のおかげで、さらなる夢の扉が開かれていきました。

博第24号

学位記

金子朋子
1965年8月27日生

本学大学院情報セキュリティ研究科情報セキュリティ専攻の博士課程を修了したので博士(情報学)の学位を授与する

2014年3月22日

情報セキュリティ大学院大学長
田中英彦

通算７年間かけて学び続け、念願の博士号を取得（2014年）

先天性の弱視だった長男

ここで、息子たちの成長を振り返っておきたいと思います。

「僕のママだぞ！」と、私を奪い合って兄弟で小競《こぜ》り合いをする息子たちの様子を目《ま》の当たりにして、〝お母さんになれたことは最高に幸せだなぁ〟と実感したり、〝男の子もやさしく、傷つきやすく、男らしさを求められて大変なんだ〟ということを学んだり、子育ての経験は私自身を人間的に大きく成長させてくれました。とはいえ、子育ては決して楽ではありませんでした。

長男が幼稚園のころ、先天性の弱視《じゃくし》だとわかったときは、頭をカナヅチで殴《なぐ》られたような衝撃を受けました。視力検査を受けると、片目だけちっとも正解が出ないのです。

「ふざけていないで真面目にやりなさい！」と注意したところ、片目だけ生まれつきほとんど見えていないことが発覚。すぐに療育《りょういく》センターに通い、訓練を開始しました。

幼稚園から帰ってくると、見えるほうの目にパッチを貼《は》り、見えづらいほうの目を使うようにします。医師からは「ゲームもどんどんやっていいですよ。見えづらいほうの目で興味を持って見ようとしますから」と言われました。

こうして幼稚園から小学４年生まで辛抱《しんぼう》強く訓練を続けた結果、弱視が少しずつ回復し、両目が同じくらいまで見えるようになりました。

長男が抱えていた問題は、弱視だけではありません。

小さいころに膀胱《ぼうこう》の発達がよくなかったらしく、小学生になってもおねしょが治《なお》らず、苦労しました。朝になって布団《ふとん》をまくり上げるたびに、

〝またか！〟とため息が出ます。出勤前の私は、〝子どもたちに朝ごはんを食べさせて、急いで会社に行かなきゃならないのに〟と苛立《いらだ》ち、朝から泣き出したい気持ちでした。

小学校高学年になり、ようやくおねしょが治ったと思ったら、今度は別の悩みに直面しました。

発達障がいとの誤診に悩まされた日々

マイペースな長男は、先生やクラスメートとうまく折り合いがつかず、中学校でトラブルになってしまうことがありました。「いじめに加担している」という疑いをかけられたこともあります。

すると、中学2年生のとき、校長先生から「息子さんは発達障がいではないか」と、専門医の受診を勧められたのです。

それからしばらくの間、長男は通院を続け、薬の投与《とうよ》を受けるなどの治療を試《こころ》みましたが、改善するどころか、だんだんと元気がなくなっていき、病院への不信感が募《つの》りました。私は、不安な気持ちに押しつぶされそうで、毎日のように涙が出ました。

学校の雰囲気になじめず、勉強が得意でない長男に英語を勉強させようと、英会話教室に連れて行ったり、英語の本をたくさん読ませる塾にも通わせました。ところが、長男は興味を示さず、夫からは「金をドブに捨てるようなものだ」と言われました。

そんなとき、ふと〝問題を抱えている長男のことを、私は「上から目線」で見ていたのかもしれない〟と気づいたのです。

〝変えるべきなのは息子ではなく、私の傲慢《ごうまん》な意識ではないか〟と――。

長男の幸せを真剣に祈り、あれこれ模索《もさく》していると、私自身が大学時代、アメリカに短期留学したことを思い出しました。

〝この子を無理やり日本の鋳型《いがた》に合わせる必要はない。自由な気風のアメリカに行ったほうが、伸び伸び生きられるかもしれない〟と発想が大きく切り替わり、〝世界に雄飛《ゆうひ》させたい！〟という気持ちが湧き上がってきました。

ちょうどそのころ、私が応募した懸賞でロサンゼルス旅行に当選し、子どもたちを連れてアメリカに行きました。アメリカ創価大学（SUA）やサンディエゴを見て回った旅は、かけがえのない思い出です。〝アメリカの広大さと自由を、五感で感じとってもらいたい〟と願いながら、中学生の長男に寄り添いました。

このロサンゼルス旅行には大きな意味があったと思います。窮屈《きゅうくつ》な日本を飛び出してアメリカで過ごした日々が、長男のポテンシャルを引き出すきっかけになったようで、やがて、英語も数学も全然できなかった長男が、化学だけには強い興味を示すようになったのです。「好きな分野を思い切り伸ばそう！」と長男を鼓舞《こぶ》するうちに、次第に才能が花開いていきました。

そして、高校進学の直前。夫の提案でセカンドオピニオン（主治医以外の医師による第2の意見）を受けたところ、「発達障がいではありません」と診断され、誤診《ごしん》だったことが判明したので

息子たちと一緒にカリフォルニア州オレンジ郡にあるアメリカ創価大学（SUA）を訪れる（2011年）

す。

高校生になった長男の成績には、だいぶバラつきがありました。強く興味を持つ分野と、まったく関心を示さない分野がはっきりしており、成績がデコボコだったのです。〝果たして大学に進学できるのだろうか〟と不安でしたが、「化学を勉強したい」と言う長男のため、理数系専門の塾に通わせたところ、化学だけが突出して得意になり、大学受験に軒《のき》並《な》み失敗する中で、創価大学だけ合格したのです。

創大理工学部から東大大学院へ進学

2016年（平成28年）4月、長男は晴れて創価大学理工学部に入学しました。創価大学は文部科学省から「スーパーグローバル大学創成《そうせい》支援」（２０１４年度〜２０２３年度）の採択を受けており、国際競争力を高めるため、学生の海外留学を積極的に推進しています。

長男が創価の学び舎《や》から世界に羽ばたくことを夢見た私は、入学直後、「息子を海外留学させたいのですが、どうしたらいいですか」と大学の留学センターに相談しました。すると、「大学１〜２年生の段階で単位をまとめて早く取っておけば、大学３年時に８カ月間留学することが可能です」と言われたのです。

そこで長男には、１年時から戦略的に単位を取得することを勧め、３年生の夏にアメリカへと送り出しました。留学先は、アメリカのバイデン大統領が卒業したデラウェア大学です。

夏休みから後期まで８カ月間みっちり留学生活を送った長男は、一気に学力が伸びました。帰国してからは、「大学院に進学したい」と張り切って勉強し、東京大学の大学院に合格。化学の研究に夢中になり、ラボ（研究室）にこもって朝から晩まで研究に没頭するようになったのです。

UCSBで博士号取得を目指す

「お母さんに博士号が取れたのだから、自分も取れないはずはない」

こう豪語《ごうご》する長男はカリフォルニア大学サンタバーバラ校（UCSB）で材料化学の研究に取り組み、充実した日々を送っています。UCSBは材料学で世界ランキング上位。青色発光ダイオード（LED）を開発し、ノーベル物理学賞を受賞（2014年）した中村修二《しゅうじ》博士も、ここで教授を務めています。

長男が言うには、「博士号を取るには日本よりもアメリカの大学のほうが有利」なのだそうです。

日本のＲＡ（Research assistant＝研究補助業務者）は時給が安く、大学院の学費は自分で払わなければなりませんが、アメリカの大学院で博士号（Doctor of Philosophy）取得を目指す学生は、教授のアシスタントとして研究を実施し、年間何万ドルも給料をもらいながら、お金をかけずに博士号を取得できるそうです。

２０２３年（令和５年）春。私が創価大学の教授として新出発する際

留学中の長男（右）の学生寮の前で。UCSBは「最も天国に近いキャンパス」と言われ、ラグーン（室内温湖）や、木が生い茂るプライベートビーチもあり、まるで星付きホテルのような快適な環境で学ぶことができる（2022年）

に親しい友人・知人がお祝いの会を催してくれた折、アメリカにいる長男から次のようなメッセージが届きました。

「教授ご就任、誠におめでとうございます。息子の私としては、母が大学教授となるのは少し不思議な感覚がいたしますが、私と弟を育てながら長年、勉強と研究を続け、その成果が認められてこのたびの就任に至ったことは喜ばしく、また感慨深く感じます。私は現在、アメリカの大学にて博士課程に在籍していますが、結局のところ、この進路を選んだことの一因は、母にできたことが私にできないはずはないと思ったためです。しかし、実際に入学してみると、ドクター取得と大学でポジションを得ることは容易ではなく、これを達成した母に対し、尊敬の念を抱きます。これからは創価大学の教授として、学生たちを育て、社会に貢献するような、さらなる業績を残されることを期待しております。改めて、おめでとうございます」

幼いころから心配が絶えなかった長男でしたが、アメリカで大きく羽ばたきはじめました。長男には、この先も積極的に外に飛び出して、広い世界を見つめながら、社会に貢献できる研究をしてもらいたいものです。

地球温暖化問題に取り組む次男

次男は、中学・高校の６年間、創価学園で人生の目標を大きく掲げることの大切さを学び、２０１９年（平成31年）４月、東京工業大学の物質理工学院（学部に相当）に入学しました。

東工大は早くから大学教育の改革に取り組んでおり、飛び級制度があります。次男はその制度を利用して大学を３年半で卒業し、２０２２年

（令和4年）10月からは同大学院で「地球温暖化問題を解決する」という目標に向かって研究に取り組んでいます。

2023年（令和5年）12月には、台湾で開催された第9回「国際青年フォーラム」（主催／中国文化大学池田大作研究センター）に日本からの代表（2名）として招聘《しょうへい》され、「21世紀の青年に求められる『自他不二《じたふに》』の生き方」という論文を英語で発表してきました。

パレスチナ自治区のガザ地区やウクライナにおける武力衝突が勃発し、終息の目途《めど》は立っていません。また、コロナ禍《か》での社会不安の高まりもあって、SNSでの誹謗中傷は深刻さを増しています。これらは無関係の事柄のように思えますが、問題の本質は同一であると考えます。それは、人々の心の「分断」です。

高性能武器や情報通信技術などの発展をもたらした科学技術は社会の分断を顕在化したにすぎず、その直接の原因ではありません。あくまで人間のもつ乏《とぼ》しい倫理観が社会の分断を招いているのです。そして正しく科学技術を利用するには、科学的な視点を超えた、より広い視野からもたらされる高い道徳的基準が必要になります。

分断によって混迷を極める21世紀に求められる根源的感覚として、私

台湾にある中国文化大学で行われたフォーラムでスピーチする次男（2023年）

は「自他不二」を挙げたい。自他不二とは、自分と他人は見かけでは大きく異なる存在だが、本質的には分かちがたく、一体であるとの仏法の法理です。言い換えれば、自分と他人は深い生命の次元では共同体であり、決して独立して存在しえないということです。池田先生は、このことを分かりやすく、「自分だけの幸福もなければ、他人だけの不幸もない」と表現しています。

自他不二の実践とは、良き友をつくることだと考えます。（中略）

やむことのない戦火の歴史を見つめるとき、内面的な変革は決して迂《う》遠《えん》で間接的な手段ではありません。自他不二の生き方こそが、〝分断の21世紀〟に希求される根源的な感覚かつ実践原理であり、地球社会を取り巻く諸課題を解決するための確かな道筋なのです。（要旨）

（２０２３年12月27日付『聖教新聞』より）

こうした貴重な経験を糧《かて》として、これからも良き友人とともに大きなビジョンを思い描き、挑戦を続けていってもらいたいと思っています。

母親の学ぶ姿こそ最大の教育環境

私はこれまで、基本的には息子たちに「あれやれ」「これやれ」と口やかましく言ったことはありません。仕事と子育てと自分自身の勉強で手いっぱいだったこともあり、子どもたちにはやりたいことを自由にやらせてきました。

自宅にいるときの私は、いつも机に向かって勉強し、本や論文を読み、英語のリスニングに励み、深夜までオンライン会議といった海外とのやりとりで忙しくしてきました。そんな母親の後ろ姿を見てきた息子たちは、学び続けることの大切さと楽しさを、自然と感じ取ってくれたのだと思います。ですから、わが家の教育方針はスパルタ英才教育とは対極です。子育て論ではよく、「有名大学に入れば勝ち組だ」という短絡的な言説《げんせつ》が語られますが、そういう考え方が正しいとは思えません。

大学を卒業してから先の人生は長く続きます。

「英知を磨くは何のため　君よ　それを忘るるな」（創価大学開学時の創立者の指針の一つ）とあるように、学んだ知識を活《い》かし、どれだけ人々のために貢献できるかが重要だと考えています。

子育ては夫婦の共同作業

夫は、秋田大学の理工系学部を卒業後、大手総合電機メーカーで航空機などのハードウェア設計者として働いていました。私はＮＴＴデータで航空機のデータ通信システムに関する仕事をしていたので、偶然、２人とも航空機関連の仕事を担当していたことになります。

結婚したころ、夫は長時間労働の職場でとても忙しく仕事をしていました。それでも週末になると洗濯や掃除など、率先して家事を分担してくれて、とても助かりました。

そんな夫は、「疲れたなあ」と言うことはあっても、マイナス志向の言葉をほとんど発しないため、家庭内の雰囲気を暗くしないのです。私がいつも楽しそうに何かに挑戦している姿に共感し、鷹揚《おうよう》に構えて応援してくれる夫のおかげで、私は仕事に思いきり打ちこみ、自由に人生を謳歌《おうか》することができています。

息子たちの子育てについても、よく夫と話し合ってきました。結婚するまで親元で暮らしていた私と違い、18歳のときから一人暮らしをしてきた経験がある夫は、進学にともなって男の子が独立する大変さについてもよくわかっていましたので、長男をアメリカに送り出すときにも、本当に頼《たよ》りになりました。

現在、夫は私の父の会社の経営に携《たずさ》わっています。私が3姉妹の長女なので、会社の後継者問題は切実な課題でしたが、夫が引き受けてくれたおかげで両親も安心し、私の肩の荷も下りました。しかし、父の会社は中小企業ですから、いつ経営が傾くかわからない不安と背中合わせです。そんな状況を察したのか、夫は経済と経営についてきちんと勉強することを決意。40代のとき、横浜国立大学の社会人向け経営大学院に入学し、2年間勉強してMBA（経営学修士）を取得したのです。

私は幼いころから男性をライバル視しているところがありましたが、夫と暮らしているうちに、気がつくと肩の力が抜けていました。私が仕事で行き詰《づ》まったときには「いままで頑張ってきたのだから、続けたほうがいいよ」といつも励ましてくれます。また、私が「大学院に行きたい」と言い出したときにも、「子どもたちが小さいし、日中、仕事をしているのになぜ、夜ま

レインボーブリッジ（東京港連絡橋）をバックに。左から夫、著者、次男、長男（2023年）

で勉強するのか？」と周囲がこぞって反対する中で、夫だけは「行っておいたほうがいいよ」と背中を押してくれました。

極端に意欲的な妻が突拍子もない行動をする一方で、夫が常識人であることはとてもバランスがいいと思います。そんな夫との絶妙なコンビネーションで、これまで私は創春の誓《ちか》いを果たそうと、いつも全力で挑戦し、幾多《いくた》の困難を乗り越えてくることができました。

理工系出身の夫は文系のＭＢＡを取り、文系出身の妻は理系の大学院で博士号を取る――。私たちは夫婦ともに文系・理系といったボーダー（境界）を飛び越え、文理融合《ゆうごう》を体現しています。

これからも夫と２人の息子とともに、家族で成長していきたいと思います。

第3章

価値創造の牙城で

大学教授として夢の扉を開く

学は光――創価大学との深い縁

わが家の息子たちを育てていただいた創価教育の学び舎《や》ですが、実は私自身も1990年（平成2年）に創価大学の通信教育部（法学部法律学科）に編入し、1992年（平成4年）に卒業した「創友会《そうゆうかい》」（創価大学卒業生の集《つど》い）の一員です。

通教は課題が多いので卒業するのは大変なのですが、多忙な中で夏秋のスクーリングにも参加し、日本全国から集まった老若男女《ろうにゃくなんにょ》が真剣に学んでいる姿に感動しました。

創立者・池田大作先生が示された「学《がく》は光《ひかり》」との指針のとおり、学び続けることは人生に輝きを与えてくれるものだと実感しています。「もう年だから」「子育てが忙しいから」「仕事があるから」という理由で、学ぶことをあきらめてしまってはもったいない。私は「何ひとつあきらめない」という気持ちで多くの夢を叶《かな》えてきました。

社会人大学院に進学したときも、博士号取得に挑戦したときも、働きながら徹《てっ》して学び抜いた通教の経験が支えとなったのです。

産・官・学で培った経験を活かす

ＮＴＴデータに在職中、私は経済産業省所管の独立行政法人・情報処理推進機構（ＩＰＡ）や国立情報学研究所（ＮＩＩ）に出向して働いていた時期があります（第４章「研究は力」で詳述）。

産（ＮＴＴデータ）、官（情報処理推進機構）、学（国立情報学研究所）の三拍子揃《そろ》った実務経験を、創価大学で活《い》かすチャンスが到来しました。

２０２２年（令和4年）、知人が「創価大学理工学部で教授の公募が出ているよ」と教えてくれました。「専門は情報セキュリティとＡＩ（人工知能）」「実務経験がある応募者を優先する」との条件は、まさに私が願っていたとおりだったので、即座に挑戦を決意しました。

ちょうどその数年前から、コロナ禍《か》による行動制限で通勤の必要がなくなり、テレワークが増加。私は十分な学習時間を確保することができるこの状況をチャンスと捉《とら》え、いまだかつてないほど勉強し、本を読み、語学力を磨き、猛烈な勢いで研究論文の執筆に取り組んでいました。私は、これまでにジャーナル論文（筆頭著者）を12本、国際会議での採択論文を24本執筆し、論文発表は78件を数えます（２０２４年7月時点）。採択された論文はどれも世界初の知見を持ちます。これらの多くはコロナ禍に集中的に執筆したものです。

さまざまな選考過程を経て、創価大学から採用の内定をいただいたのですが、大学教授を目指していることを、両親や周りの人にはずっと黙っていたため、非常に驚かれました。

こうして私は、35年間在籍したＮＴＴデータを退職。大学教員としてのセカンドライフ（第２の人生）がスタートしたのです。

創立者から贈られた御歌

２０２３年（令和５年）４月、創価大学理工学部に教授として着任しました。大学教員として過ごしていると、〝創価大学のことをもっと多くの方に知ってもらいたい〟と思うことが多々あります。そこで、ここからは私の日常をとおして、大学のすばらしさや学生たちの様子などをご紹介したいと思います。

創立者は入学式（4月2日）にメッセージとともに、お祝いの御歌を贈ってくださいました。

学究《がっきゅう》の　春夏秋冬《しゅんかしゅうとう》　金《きん》の道
宝友《とも》と求めよ　生命《いのち》の真《まこと》を

私は、この御歌に込められた創立者の思いを学生たちとともに心に刻んでいきたいと、ゼミ（情報システム工学科・金子研究室）の3・4年生を「生命の真グループ」「学究グループ」、学科で担当する1・2年生を「金の道グループ」「宝友《ほうゆう》グループ」とネーミングし、それぞれのＬＩＮＥ《ライン》グループをつくりました。学年が上がってもメンバーを認識できるようにするためです（その後、２０２４年の新入生には「創立グループ」と名づけました）。

そして、「マネジメント担当」「交流会・ゼミ合宿担当」「ＨＰ《ホームページ》・オープンキャンパス担当」「研究基盤担当」などの役務を振り分けてきました。

私は、対面での授業や研究活動を重視しています。たとえば、「〇〇大学との交流会開催が決まりました」となると、何を発表するのか、交流会のプログラムはどうするのかといった内容について、学生と話し合いながら一緒に決めていくのです。

教員と学生の間に窮屈《きゅうくつ》な上下関係や主従関係などなく、合議制で物事を進めていく民主主義的なゼミ運営を大切にしています。ゼミ生と対話するためのグループLINEにどんどんメッセージを投《な》げ、学生が返事をしてくれると、また私がフィードバックしてスピーディに形をつくり上げていくように工夫もしています。

コロナ禍を乗り越えた学生たち

私が初めて受け持ったゼミの４年生（学究グループ）は、コロナ禍の影響を最も受けた学年でした。入学した２０２０年（令和２年）４月には新型コロナウイルス感染症拡大の影響で入学式が中止となり（翌年４月に大学創立50周年を記念して２学年合同で実施）、入学したもののキャンパスに通うこともできず、ほとんど友だちもできないまま、毎日オンライン授業を受け続ける日々を過ごしました。親元を離れて上京した一人暮らしの学生などは、どれほど心細く寂《さび》しい思いをしたことでしょう。

私は、こうした経験をした学生たちに〝できるだけたくさんの充実した思い出をつくってもらいたい〟との思いから、新型コロナが「５類感染症」に変更された２０２３年（令和５年）５月にゼミの懇親会を開催しました。

学生たちにとっては、入学してから初めて経験する懇親会で、みんなで一緒に食事をしたり、おしゃべ

創価大学箱根セミナーハウスで研究室の夏合宿を実施
（前列右から２人目が根来文生博士）

りしたりと、対面でのコミュニケーションの楽しさを満喫《まんきつ》したようです。

それ以来、隔月《かくげつ》の交流会、鎌倉での技術勉強会、私が主催する「ＡＩ／ＩｏＴシステム安全性シンポジウム」への参加、東京電機大学・寺田研究室のほか、サイバーセキュリティやＩＴの専門家との交流、オープンキャンパスやオープンゼミの開催など、学生たちとともに多くのイベントに参加したり、運営を担《にな》ったりしてきました。

とくに、創価大学箱根セミナーハウスで実施した初めての夏合宿では、ＬＹＥＥ理論とシナリオ関数の発明者である根来文生《ねごろふみお》博士をお招《まね》きして貴重な講義を受けたり、ゼミ生とともに花火大会や芦ノ湖《あしのこ》でのバーベキューを楽しむなど、セミナーハウス管理人の佐藤賢治《けんじ》さん・多鶴子《たづこ》さんご夫妻の真心あふれるお力添えをいただき、素敵な思い出を刻むことができました。

毎回の授業は研鑽と努力の結晶

大学は春学期（4月～）と秋学期（9月～）に分かれており、授業は期ごとに「1回90分×15回」という構成になっています。その講義内容は大変な分量になり、私は、「情報セキュリティ論」「情報理論」「暗号理論」「システム安全論」、大学院科目の「Computer Security A・B」（授業は英語で実施）、ゼミでは「システム安全論」などを教えています。

ケーススタディや演習など、ゼミの学生に教える「システム安全論」や「情報セキュリティ論」は、国立情報学研究所や東京電機大学の講座でも教えた経験がありますが、そのほかの科目――とくに情報の数学と言われる「情報理論」や数学教職科目でもある「暗号理論」――は、文系出身で、長らく数学に触れてこなかった私にとっては、教えることに四苦八苦してしまうこともあります。そのため、関連書籍を読んだり、暗号理論の権威《けんい》である辻井重男《つじいしげお》博士（東京工業大学名誉教授）の研究会に参加して理解を深めるなど、日々研鑽《けんさん》、日々努力を重ねてきました。

「情報理論」や「暗号理論」の授業では、計算機の歴史からはじめて、情報を符号化して通信できるようにした情報理論の父、クロード・シャノンの功績、第2次世界大戦での攻防から生まれたチューリングマシンなど、多くのコンピュータ科学における発明とその経緯を踏まえて、授業をするようにしました。

「情報セキュリティ論」の授業では、情報セキュリティに関する基礎を理解します。自発的に学ぶためにアクティブ・ラーニング方式を取り入れ、コンピュータとネットワークを利用する際の脅威、脆弱性《ぜいじゃくせい》、攻撃の具体的な事例を通じて専門的な知識を身につけます。また、さまざまなリスクに対応するための暗号化技術や認証方式も学びます。ここで得た知識をもとに学習を続けることにより、高度情報処理技術者資格である「情報処理安全確保支援士試験」の合格を目指しています。

このような数理系授業を受け持つことはプレッシャーでもありますが、ＩＴの諸問題を解決していくために、現在のＩＴ理論の根幹となる科目を受け持ち、コンピュータを形成してきた偉人たちの業績を改めて学び、「コンピュータとは何なのか」を数理的に究《きわ》めようとしていることは、今後、ＩＴの諸問題を解決していくためには非常に重要なことなのです。

創価大学では、教員の教育業績、研究業績、対外活動、学内活動などにおける実績を数値化し、評価します。２０２３年度（令和５年度）の総合的業績評価の結果、私は理工学部枠１名の表彰者に選ばれました。

研究論文数、特許数、授業における新たな担当科目数、さらに学生アンケートの結果などが決め手となりました。新任教員として無我夢中だった初年度の取り組みを評価していただけたことに心から安堵《あんど》しました。

生きた学問としての情報学

私たちの研究室では、ＩＴ技術が社会に悪影響を与える際のリスクと対策について研究しています。

その中の「生命の真グループ」は、男子ばかり9名です。私は、八王子ならぬ、「九王子《きゅうおうじ》くんたち」と呼んでおり、若い彼らのパワーで新たに革新的な研究が生まれることに心から期待しています。彼らは、自動車、鉄道、船などの交通系の自動運転の事故・リスク分析と対策を研究する「セーフティ・チーム」と、ランサムウェア（身代金要求型ウイルス）などのサイバー攻撃の分析・対策を研究する「セキュリティ・チーム」に分かれて活動中です。

情報学という学問は、研究室の中だけで完結する「机上《きじょう》の学問」ではありません。社会の事象と直結する「生きた学問」です。

この分野で、私は「セーフテ

教え子とともに（2024年度の４年生＝生命の真グループ）

ィ＆セキュリティ」（外からのサイバー攻撃から身を守ると同時に、内部の人的ミスやシステムの不具合で起こるミスを防いで安全を保つこと）の実現に取り組み、新しい価値を創造していきたいのです。

限りない力を秘めた期待のZ世代

私が創価大学で最初に感じたのは、教員と学生の距離がとても近いということでした。アドバイザーである教員に何でも相談に乗ってもらえる光景は、日本の大学ではめずらしいのではないでしょうか。

私が大学生のころは、教授と一対一で話したことなど数えるくらいしかありませんでした。ましてや個人的な話をしたり、長時間、相談に乗ってもらったことなんてありませんでした。

創価大学には、「教員と学生が一緒になって大学の歴史を築いていこう」という気風がキャンパスに脈打っています。

いまの大学生はＺ世代《ゼット》と呼ばれています。１９９０年代後半から２０００年代に生まれ、幼少期からデジタル機器やインターネット、ＳＮＳ（ソーシャル・ネットワーキングサービス）を含むソーシャルメディアの存在を前提とした生活をしているデジタルネイティブです。Ｚ世代の学生はとても真面目《まじめ》で、よく勉強します。私の大学時代のように授業を怠《なま》けて遊び呆《ほう》けている学生などいませんし、学生と教員の関係も対等を望み、一緒に研究を進めていくべきだというスタンスです。仕事に関しては、終身雇用をあてにせず、仕事と生活のバランスを重視し、「テレワークで仕事をしたい」と希望する学生も多くいます。

コロナ禍を経験しているため、人前で話すなどのコミュニケーション

教え子とともに（2024年度）

3年生＝宝友グループ

2年生＝金の道グループ

1年生＝創立グループ

が苦手になってしまった学生も見受けられますが、ネット検索力が高く、話しながらどんどん調べてしまいます。人とのつながりを大事にし、相手の気持ちを考えて行動するやさしい子が多い印象です。コロナ禍の閉《へい》塞感《そくかん》の中で精神的に追い詰《つ》められた経験を持つ学生もいますし、そうしたつらさを表に出せず、ずっと耐えてきた学生もいます。こうした経験を乗り越えてきたからこそ、彼らは今後、社会のさまざまな問題を解決していく重要なカギを握る世代なのではないかと感じています。

父母を大切にする創価大学の伝統

私は、学生一人ひとりと個別に面談し、「何を研究したいですか」「将来どういう仕事に就《つ》きたいですか」と丁寧にコミュニケーションを図《はか》るようにしています。

そんな彼らと話していて、気づいたことがあります。それは、ご家族

（とりわけ、お母さま）をとても信頼しており、親子関係がとてもいいのです。就職の相談に乗っていると、ほぼ全員が「母に相談してみたところ……」という発言をします。

２０２４年（令和６年）３月、私が初めて送り出した世代（学究グループ）のお母さまたちにも卒業式でお会いしましたが、皆さん、本当に素敵な方々でした。

初めての卒業生（学究グループ）

創価大学では、卒業式の終了後に「母」の歌を学生全員で歌う伝統があります。

この歌は、創価大学の開学と同じ１９７１年（昭和46年）に創立者が綴《つづ》られた長編詩「母」にメロディーがつけられ、５年後の１９７６年（昭和51年）に発表されました。母の持つ「気高《けだか》さ」「賢さ」「強さ」「理想に向けて進む力」を、敬愛《けいあい》の念で表現している私の大好きな歌です。わが子を想う慈愛を人類愛に広げ得る母の存在こそが、いまも戦火の絶えないこの地球に平安をもたらすと、教えてくれています。

学生たちはわが家の息子たちと年齢も近いので、私はできる限り、学生の声に耳を傾け、全力で人生を応援し続ける母のような存在として、教育と研究の日々を学生とともに邁進《まいしん》したいと思っています。

学生の10パーセントが留学生

創価大学に入学した学生は、キャンパスの広さと留学生の多さに驚くのではないでしょうか。大学の敷地面積は、なんと東京ディズニーランドの1・8倍です。そして、約700人の留学生が学んでおり、学生の約10パーセントが外国籍です。創価大学は世界69カ国・地域の261大学と学術交流協定を締結し、交換留学や研究交流を進めているからです(2024年7月現在)。

私たちの研究室にも、韓国からの留学生が2人います。

日本語能力試験にはN1からN5まで5段階のレベルがあり、「N1かN2であれば、日本の企業で日本語を使って働ける」と言われていますが、2人とも最高位のN1レベルです。

韓国の男性は兵役《へいえき》があるため、その男子学生は2年間休学した後、3年生から私のゼミに入りました。彼はいろいろなところに目配りができ、やさしくて優秀な学生です。滝山《たきやま》国際寮で、日本人寮生と留学生寮生のサポートをする寮役員として活動しています。

もう1人の女子学生は非常に勉強熱心です。彼女は、高校卒業時にはほとんど日本語ができなかったのですが、２０２1年（令和3年）から本学の日本語別科で真剣に学び、現在は日本語能力試験Ｎ１を取得しています。大学祭では母国の郷土料理を出す店舗「留学生喫茶」の準備に携《たずさ》わってきました。

2人とも母国語（韓国語）のほか、日本語、英語ができるので、日本語がほとんどできない交換留学生と日本人学生との架け橋として重要な役割を担い、世界平和につながる交流を促進しています。

創価大学には、姉妹校であるブラジル創価学園の卒業生もいますし、2024年（令和6年）2月に開校した創価インターナショナルスクール・マレーシアの卒業生も、いずれやってくるでしょう。

世界中から学生が集まる創価大学は、これからますますグローバルな発展を遂《と》げていきます。

学生たちの学びのサロン「SPACe」

中央教育棟西棟にあるラーニング・コモンズ「SPACe《スペース》」は、「創価大学と言えばSPACe」というほど有名で、他大学からも注目されている場所です。とても使い勝手がよく、学生に人気のある学びのサロンです。ここでは学部生や大学院生、留学生、教職員などが集い、お互いに情報交換しながら交流でき、１日あたり延べ２５００人の学生が利用しています。ＳＰＡＣｅにはさまざまなブースがあり、少人数によるアクティブ・ラーニングやグループ・ディスカッション、プレゼンテーションなど、用途に応じた使い方ができます。留学生と会話ができるワールドランゲージセンターも設置されています。

円形スペースはトークセッションやプレゼンテーション大会など、イベントにも活用可能です。プロジェクターを使って、壁面にパワーポイントの資料や映像も映し出せます。

語学を学習できるブースや「私語禁止」の個人学習スペースもあります。理工学部と中央教育棟は少し離れているのですが、私のゼミ生たちもＳＰＡＣｅで刺激を受けながら、才能を思いきり開花させてもらいたいと思っています。

学習をサポートする「オアシスプログラム」

創価大学は卒業要件としてGPA値（成績評価基準）2・0以上（最高値4）を定めており、卒業必須単位と並行して義務づけられています。GPAとは、アメリカの高校・大学などで一般的に使われており、留学や就職の際に学力を測《はか》る指標となります。GPA値が低いと卒業が困難になるため、1年時からしっかりと勉強を続けることが必要です。

そこで、科目ごとに上級生が学習の相談に乗ってくれる「学生相談室」など、学習サポートの仕組みがたくさんあります。とくに、「オアシスプログラム」は、タイムマネジメントのアドバイスをし、個別学習相談をとおして学生の学習意欲と自己管理能力の向上を促《うなが》してくれます。

「いろいろなことに手を出して、何からやったらいいのかがわからなくなった」という学生が、このオアシスプログラムを利用して定期的なアドバイスを受けたところ、成績向上につながりました。アドバイザー教員の私のところにも毎回、状況が共有されるので、複合的に学生をサポートできて安心です。

ＧＰＡ値は、ゼミ生の選抜基準や、奨学金を得る特待生の評価基準にも活用されています。

充実した奨学金制度

２０２４年度（令和６年度）は、情報システム工学科の特待生（２枠）に私のゼミから２人が選ばれました。２人とも真剣な勉学と研究に励み、大きく成績を伸ばしてきていることを心から誇りに思います。計り知れない可能性を持つ人材を育成できることが教員としてのやりがいです。ほかにも、本学には多くの返済不要な給付《きゅうふ》型奨学金があります。家庭環境にかかわらず、優秀な学生が学び続けられることはとても大切です。これらの奨学金には、卒業生からの真心の寄付によるものも多く、多くの社会人に支えられて大学が成り立っていることに感動を覚《おぼ》えます。

学部横断型特別プログラム「GCP」

創価大学には、理工学部、教育学部、文学部、法学部、経営学部、経済学部の学生を対象としたGCP（Global Citizenship Program）という学部横断型特別プログラムがあります（選抜試験や推薦試験で合格すると入学後に参加できます）。

通常の授業が終わったあと、５限と６限にほぼ毎日、英語とリーダーシップ育成、データサイエンス系の授業を２年間受けるというもので、大学に通《かよ》いながら独自の集中英語講座で海外大学院留学レベルの英語力と、国内外一流企業や国際機関に就職する際に求められる高度なコミュニケーション能力の修得を目指しています。ＧＣＰで英語を勉強した学生は、海外の大学への交換留学に参加するほか、大学院出願に必要な英語力を身につけられます。

たとえば、理工学部情報システム工学科でＩＴ技術を身につけ、なおかつＧＣＰで英語の力をつければ、就職の際にもとても有利です。ＧＣＰ修了生の就職先には、超一流企業や国際団体が名を連ねており、世界で活躍できる人材の育成に取り組んでいます。

このプログラムに参加している学生は、「自分の出身地は田舎だと思っていたけれども、海外フィールドワークで訪れたフィリピンの地域は、日本とは桁違《けたちが》いにインフラ整備が滞《とどこお》っていて驚くとともに、自分にできることは何かを考えるようになりました」「ＧＣＰでの勉強は大変だけれども、自分は参加してよかったと思っているし、海外留学を目指すきっかけにもなりました」などと語り、世界へ、未来へと大きく視野を広げています。

学生のキャリア実現を強力にサポート

キャリアセンターが主催するＧＬＣ（Global Leader College）という学部横断型プログラムには、１年生の半ばから3年生の春学期まで参加できます。前述のＧＣＰが英語による授業が主体であるのに対し、ＧＬＣ

は社会で活躍している卒業生を講師に招いた授業やロジカル・シンキング（論理的思考力）を身につけるためのプログラム、世界で活躍するグローバル人材を育成するためのプログラムなど、多彩なメニューが揃っています。GLCは、一人ひとりの目標達成に向けて、社会人のメンター（助言者）が支援してくれます。

キャリアセンターは社会で価値を創造する人材の育成に取り組んでおり、就職でも力を発揮している本学の学生の就職率は97・7パーセント（2023年3月卒業生実績）。学生自身も就職先に満足しているとの調査結果も出ています。また、難関とされる企業への就職が増え、「就職偏《へん》差値《さち》」が上昇しているのも特徴です。

私もキャリア委員として理工学部の学生の就職を全力でサポートしています。

リスキリングの勧め

リスキリングという言葉をご存じでしょうか。

現在、社会に存在している仕事がＡＩ（人工知能）やロボットによって代替、もしくは消失する可能性が高いことから、新しいことを学んで、これまでとは違う新しい職業に就《つ》くことです。

開設から45年を迎えた通信教育部では、こうしたリスキリングに役立つ多くの資格を取得することができます。日本語教員、社会教育士・社会教育主事任用資格、ファイナンシャル・プランナー（ＦＰ）３級、小学校・幼稚園教諭免許などがあります。

また、大学の教育・研究成果を皆さまに知っていただき、幅広い世代の方々に学ぶ機会を提供することを目的とした「夏季大学講座」も

２０２４年（令和６年）に第50回を迎えた創価大学の伝統行事です。私も「ＩＴ博士と学ぼう！　安全安心なデジタル社会の歩き方」と題して、講座を担当しています。スマホを使いはじめたばかりの高齢者や、デジタル機器の操作を難しいと感じてしまう人たちにも役立つような講義を心がけています。

ぜひ、リスキリングを考えるきっかけにしていただければと思っています。

大学からイノベーションを創出

文部科学省は、経済成長や社会課題の解決に向けて、イノベーション（開発）の担い手である大学発のスタートアップ（小規模なベンチャー企業）を推奨しています。大学のラボ（研究室）で進められる優れた研究を、自治体や産業界の支援などを受けて事業化し、人材を育成するとともに、大学からイノベーションと雇用を創出するもので、他大学ではさまざまな大学ベンチャーがつくられています。有名な近畿大学水産研究所の「近大マグロ」（養殖マグロ）などをはじめ、名古屋大学発の自動運転ソフトウェア「Autoware《オートウェア》」を研究・開発するティアフォー（Tier4）なども大学ベンチャーの成功事例です。

一方、創価大学発の公式認定ベンチャーとして実績を上げている事業には、「創輝《そうき》株式会社」と「株式会社コアシステムジャパン」の2社があります。前者は創価大学工学部（現・理工学部）の押金《おしがね》健吾《けんご》名誉教授の研究から生まれた新品種の桑《くわ》「創輝」の商品開発・販売をする会社。後者は理工学部の渡辺一弘《かずひろ》教授や崔龍雲《チェヨンウン》教授が取り組む、ヘテロコア光ファイバーセンサー技術や関連特許を活用し、各種センサーの開発・製造・販売をする会社です。

このほか、学生ベンチャー1社と、私が2023年（令和5年）7月に設立した「ソフトウェア統一理論研究所」が認定されています。といっても、まだ会社という〝入れ物〟をつくっただけの状態ですが、いずれは「コンピュータウイルスの無力化」や「潜在バグ（ソフトウェアの不具合・誤り）の抽出《ちゅうしゅつ》」の私が保有している特許権や、「囲碁不敗のアルゴリズム」など申請中の応用特許、セーフティ＆セキュリティ分析の保有スキルを駆使《くし》して事業化を目指しています。

大学ベンチャーを「ユニコーン」に

大学ベンチャーがひとたび走り出して研究開発の将来性に注目が集まれば、ベンチャーキャピタル（スタートアップを対象とした投資会社）から大きな投資を受けられる可能性が出てきます。１０００万円単位、あるいは億単位の投資を募《つの》ることができれば、大学ベンチャーが「ユニコーン」にまで成長するかもしれません。

ユニコーンとは、世界の投資家から注目されるスタートアップ企業のことです。時価評価額が10億ドル（約１５００億円）を超えるスタートアップは、「めったに出会えない一角獣《いっかくじゅう》」になぞらえて「ユニコーン」と名づけられました。

前述の特許を活かした事業を立ち上げ、世界に最先端のイノベーションを起こしていきたいと考えています。大学教員を続けながら大学ベンチャーを立ち上げる難しさは重々承知していますが、敢《あ》えてトライしてみたいのです。大学ベンチャーが有名になって大きな収益を上げるようになれば、アルバイトなどの雇用を創出したり、基金や奨学金を生み出すことができ、学生のために役立てられると思うからです。

「SDGsネイティブ」とともに

創価大学は、１９７１年（昭和46年）の開学以来、生命の尊厳に基づく平和・文化・教育を掲げる建学の精神のもと、地球社会の課題と真摯《しんし》に向き合い、平和の実現に果敢に挑戦する「世界市民」の育成に取り組んできました。この理念に基づき、２０１５年（平成27年）に国連総会で採択されたＳＤＧｓ（持続可能な開発目標）の達成に貢献する人材の育成を目指して、日本語・英語の両方でＳＤＧｓを学ぶ「ＳＤＧｓ副専攻」を開設しました。

いまの高校生は「ＳＤＧｓネイティブ」と呼ばれ、他の年代と比べてＳＤＧｓへの関心が高く、彼らが大学を選ぶ基準にはＳＤＧｓが入っているとされます。創価大学では展示活動やシンポジウム、講演会によってＳＤＧｓの啓発を促したり、大学祭の期間中、不要な衣類のリサイクル回収ボックスを設置するなど、教職員・学生が力を合わせて、ＳＤＧｓを推進中です。

ＳＤＧｓは２０３０年（令和12年）までに達成すべき17の目標と１６９の達成基準、２３２の指標が決められており、すべての人々にとってよりよい、持続可能な未来を築くための青写真です。そのうち、ＳＤＧｓ

目標５「ジェンダー平等を実現しよう」では、男女平等を実現し、すべての女性の能力を伸ばし、可能性を広げることを目標にしています。

世界経済フォーラム（ＷＥＦ）が「経済」「教育」「医療へのアクセス」「政治」の４つの分野について、毎年、世界各国の男女平等の度合いを数値化している「ジェンダーギャップ報告書」（２０２４年版）によると、調査対象１４６カ国のうち、日本は前年の１２５位から順位を７つ上げたものの１１８位で、主要７カ国（Ｇ７）では最下位です。政治・経済の分野で「著しい格差がある」のが理由です。日本の女性はいったん正規雇用の職を失うと、給与面で不利な状況に置かれることが多いのです。

私は、「子育てや家事との両立は困難なこともありますが、働き続けるといいこともたくさんあります。政治に目を向けて、ともにジェンダー平等な日本にしていきましょう」と訴えたい気持ちです。

また、ＳＤＧｓ目標16では、「平和と公正をすべての人に」を掲げていますが、いまなお、紛争や暴力、虐待《ぎゃくたい》、汚職などに苦しんでいる人がたくさんおり、近年では、ロシアのウクライナへの侵攻、イスラエルのガザへの侵攻により、暴力による死は急増しています。そして、これらの紛争ではＡＩの軍事利用が急速に進み、これまでの概念を覆《くつがえ》すドローン兵器やＡＩが操縦する戦闘機なども登場しています。人間が関与せず攻撃まで遂行《すいこう》する〝究極ＡＩ兵器〟の誕生も現実味を帯びています。

２０２４年（令和６年）のＧ７サミットでは、ＡＩの悪用防止へ向けた国際連携についても議論されました。ＡＩの力をどのように平和的に利用するかは喫緊《きっきん》の課題です。

未来へのビジョン

創価大学は、２０２６年（令和８年）４月、発展的な再編を計画しています。経済学部と経営学部の学びを融合《ゆうごう》した「経済経営学部ビジネス学科」（仮称）を開設。また、理学および工学を専門に、持続可能な社会と人類の健康・福祉に貢献できる人材を養成するため、理工学部の学びを拡充し、「グリーンテクノロジー学科」（仮称）と「生命理工学科」（仮称）の開設を目指しています。

さらに２０３０年（令和12年）に向け、「価値創造を実践する『世界市民』を育《はぐく》む大学」とのテーマのもと、教育・研究・ＳＤＧｓ・ダイバーシティ（多様性）という４つの分野で多くの目標を掲げた「グランドデザイン」の取り組みを進めています。ビジョンが根づき、花開いたときに、世界にどのような貢献ができるのかが楽しみです。

2024年（令和6年）6月、国公私立546大学を対象に「教育・研究力」「就職力」「財務力」「国際力」の4つの視点で算出した『本当に強い大学2024』（『週刊東洋経済』臨時増刊号）で、創価大学は15位にランキングされました。私立大学の中では、早稲田大学、慶應義塾大学、豊田工業大学に次ぐ4位でした。こうした評価を励みとして、さらに大学の発展に力を尽くしていきたいと、決意を新たにしているところです。

第4章

研究は力

ＡＩ／ＩｏＴ時代のシステム安全

振り込め詐欺は全国民がターゲット

「えっ、そんなサスペンスドラマのような話が、こんなに身近なところで起きるの⁉」

つい最近、びっくりする大事件が起きました。実家の両親が「還付金《かんぷきん》詐欺《さぎ》」で全財産を奪われかけたのです。

ある日、母の携帯電話に大手メガバンクの行員を名乗る人物から「還付金が払い戻される」との電話がありました。しかも、順番に3カ所から連携プレーの電話がかかってきていたというから驚きます。

銀行員から、いかにも親切そうに電話が来たら、高齢者はすっかり信じ込んでしまいます。母は、あれこれ質問されているうちに自分の携帯番号や銀行の口座番号、支店名、さらには大切な暗証番号まで全部答えてしまいました。すると、「明日還付金が返ってきます。ご自宅の近くにＭ銀行のＡＴＭ（現金自動預払機）がありますよね。明日の××時にそのＡＴＭに来てください」と言われました。

翌日、足腰が悪い母は、父に付き添われて駅の近くのＡＴＭへと出かけました。２人が到着すると、詐欺集団の一味は携帯電話で母に指示をはじめました。

しかし、不幸中の幸いか、母は数日前に補聴器をなくしてしまい、相手の声が聞こえづらかったのです。通話相手に何度も確認しながら必死にＡＴＭを操作する母を見ていた父は、「あれ、何かおかしいぞ。還付金をもらえるという話だったのに、どうしてこっちからお金を振り込もうとしているんだ？」と気づいたのです。その瞬間、ＡＴＭの壁に貼ってあった「詐欺に注意！」というポスターが目に入りました。

ＡＴＭに来た人も、老夫婦の様子を見て「ひょっとして、それって詐欺じゃないですか？」と声をかけてくれ、その場で父が１１０番通報しました。

父が電話で警察官と話していると、近くから男性２人と女性１人の話し声が聞こえてきたそうです。なんと、母に携帯電話で指示していた詐欺集団は、ＡＴＭの壁を隔《へだ》てたすぐ向こう側に待機していたのです。父が通話している声が彼らの耳に入ったらしく、「やばい！　もう解散だ！」とあわてた様子の声が聞こえてきたというのですから、呆《あき》れるやら驚くやら……。

巧妙に仕組まれる還付金詐欺の手口

還付金詐欺の手口をご存じでしょうか。

「税金の還付金が支払われることになりました」

「あなたには医療費と保険料の過払い金がありますよ」

「口座に未払いの年金が振り込まれることになりました」

こうした甘言《かんげん》を弄《ろう》し、電話で指示したとおりにＡＴＭを操作させ、言われるがままＡＴＭを操作しているうちに、自分がお金を受け取るどころか、詐欺集団の銀行口座にお金を振り込んでしまうのです。

還付金はこの世に存在しないものではありません。源泉徴収や予定納税によって所得税をたくさん払いすぎた人は、あとで超過分をキャッシュバックしてもらえます。新型コロナウイルス感染症の流行期には、１人10万円の特別定額給付金が全国民に支払われました。ほかにも、自営業者や個人事業主には、休業支援金をはじめとした、さまざまな給付金が支払われています。ですから「あなたは還付金給付の対象者ですよ」と言われれば、信じてしまっても不思議ではありません。

今回のように銀行員を名乗るケースもあれば、都道府県や市町村の職員、税務署員、社会保険事務所や年金事務所の担当者を偽装《ぎそう》するケースなど、さまざまです。

詐欺集団はなぜ、ATMの近くで待機していたのでしょうか。

母が振り込みに手間取っていたら、彼らは銀行員を装《よそお》ってATMの裏側からひょっこり顔を出し、「あれ、このカードは壊れてますね。後日新しいカードをお送りしますので、このカードはいったんお預かりします」と、カードを持ち去るつもりでいたのでしょう。彼らはすでに暗証番号を聞き出すことに成功していますから、キャッシュカードを勝手に操作して現金を引き出したり、自分たちの口座に移動させたりすることもできます。危うく、両親は老後資産を奪われるところでした。

特殊詐欺の被害は年間４５０億円超

今回の件で、両親の情報は詐欺集団の「カモリスト」（騙《だま》されやすい高齢者の名簿）に載ったかもしれません。これ以上、両親を危険な目に遭《あ》わせないために、銀行口座の暗証番号を変更し、一度に引き出せる現金の上限を設定したり、定期預金に移行したりと大急ぎで対応しました。

知らない電話番号にも要注意です。登録されている番号以外からは着信できないように、固定電話・携帯電話ともにセキュリティを強化しました。こうした対策を施《ほどこ》しても詐欺集団はあの手この手で騙しにきますから、油断はできません。

振り込め詐欺、預貯金詐欺、架空料金請求詐欺、還付金詐欺、融資保証金詐欺など、「特殊詐欺」の被害額は年間452・6億円（1万9038件）にも上っています（2023年確定値、警察庁Webサイトより）。

携帯電話に電話がかかってきて、機械の自動音声で「多額の国際電話通話料金が発生しています。いまから申し上げる口座にすぐに振り込まなければ、法的な手続きに入ります」と脅《おど》し文句をぶつけてくる詐欺電話もあります。

こうしたアナログな詐欺だけでなく、メールやSNS（ソーシャル・ネットワーキングサービス）を使ったインターネット詐欺も横行しています。個人を標的にしたネット詐欺、企業や自治体、国際機関や国家に対するサイバー攻撃も枚挙《まいきょ》にいとまがありません。インターネットやスマホのおかげで便利な世の中になると同時に、詐欺の手口もすさまじい勢いで巧妙化が進んでいるのです。

「水道代の引き落としができません」「携帯電話料金が未納です」などと催促《さいそく》メールが送られてきたり、航空会社や銀行、宅配便業者など会員登録してある会社から「パスワードの変更が必要です」とショートメールが届いたりすることもあります。「×月×日までに変更を済ませてください」という注意書きとともに貼り付けられたＵＲＬなどは、クリックするとパスワード変更サイトにジャンプします。そこには、本物そっくりのウェブサイトが偽装してあり、操作しているうちに大切なパスワードが詐欺集団に盗まれてしまう仕組みです。ＱＲコードを読み取ると偽装サイトに誘導されるスマホ詐欺も急増しています。

最近では、フェイスブックに有名人やＩＴ起業家の顔写真入り広告が表示され、「確実に儲《もう》かります！」と投資を勧《すす》める詐欺が社会問題になっています。テレビ番組などでよく見かける著名人の広告を信じ込み、何千万円、何億円という資産を投資してしまった被害があとを絶ちません。

膨大な被害を引き起こすサイバーセキュリティ攻撃

2023年（令和5年）における日本国内のサイバー攻撃情勢は、警察庁によるとランサムウェア（身代金要求型ウイルス）被害（128ページで詳述）が依然《いぜん》として高水準で推移するとともに、クレジットカード不正利用被害が急増しました。さらにインターネットバンキング（銀行口座の振り込みなどのサービスをインターネットを通じてできるシステム）に係る不正送金被害が過去最多となり、インターネット上では児童ポルノや規制薬物の広告などの違法情報のほか、自殺サイトやいわゆる「闇《やみ》バイト」の募集といった有害情報が氾濫《はんらん》するなど、極めて深刻な情勢が続いています。同年1月から9月までのクレジットカード不正利用被害額は４０１・9億円（過去最多）に上りました。また、同年のインターネットバンキングに係る不正送金被害の発生件数は５５７８件、被害総額は約87・3億円（ともに過去最多）となり、被害者の97・9パーセントは個人です。そのうち、40代から60代の被害者が約60パーセントを占《し》めています（警察庁「令和5年におけるサイバー空間をめぐる脅威の情勢等について」より）。

世界でも、サイバー攻撃はますます巧妙化し、サイバー犯罪被害額は、２０２４年（令和6年）までに全世界で年間9兆５０００億ドルに達すると予測されています。※この被害額をＧＤＰ（国内総生産）として見てみると、アメリカ、中国に次ぐ世界第3位の経済大国に匹敵する規模になっています。主要な違法薬物のすべての世界取引を合わせたよりも収

※Cybersecurity Ventures「Cybercrime Magazine」より。

益性が高いため、犯罪者にとって非常に割《わり》のいい金儲けの手段となっています。

私が情報セキュリティに興味を持ちはじめたころは、こうした犯罪は金銭目的ではなく、自己顕示欲を満たすための愉快犯《ゆかいはん》（社会を騒がせることを目的とした犯罪）が中心でした。しかし、20年前にわずか35億ドルだった世界のサイバーセキュリティの市場規模は年15パーセントで飛躍的に増え続けています。これらはサイバー犯罪への対処のために支出されますが、そのお金は一人ひとりのユーザーの支払いから拠出されているのです。まさに危機的な状況にあることは明らかで、私は思わず、「ボーっと生きている場合じゃないですよ！」と、世の中の皆さんに呼びかけたい気持ちになります。

現在、企業へのサイバーセキュリティ攻撃で被害が増加しているのは、ランサムウェアと呼ばれるものです。サイバー犯罪を引き起こす攻撃者は、企業のコンピュータに外部から侵入してマルウェア（コンピュータウイルス）を忍《しの》びこませ、企業秘密が詰まったデータを密《ひそ》かに暗号化してしまいます。ひとたびデータが暗号化されると、データの持ち主である企業は使えなくなります。暗号キーがなければ、データを復元できないのです。ハッカーは暗号キーの返還と引き換えに大金を要求し、「身代金（ランサム）を払わなければデータを抜き出し、ダークウェブ上に公開する」と脅します。調査結果によると、近年、バックアップなどの対策が進んできて支払い率は下がってきているものの、いまだ多くの企業が攻撃者に多額の金銭を支払ってしまっている実態があります。支払いには身元が特定されないよう、主に暗号資産が使われます。

２０２４年（令和６年）６月には、大手出版社ＫＡＤＯＫＡＷＡが大規模なランサムウェア攻撃を受け、グループ会社の個人情報が外部に流出したことが大きく報道されました。また、病院など、プライバシー情報を持つ医療機関への攻撃も頻発《ひんぱつ》しています。

今日のサイバー犯罪者は、AIや機械学習のような高度なテクノロジーの力を活用し、より巧妙で捉《とら》えどころのないディープフェイク（人工知能を応用した画像・映像合成、生成《せいせい》技術）と呼ばれる攻撃を実行しています。2024年（令和6年）は重要なアメリカ大統領選の年でもあるので、AIが生成する脅威、とくにディープフェイクの台頭やAI兵器の脅威が安全保障上の大きな懸念として浮上しています。

日本はこれまで、外国からの攻撃を受けても、「不自然な日本語なので見抜くことができる」と〝言語の壁〟で守られていた部分がありましたが、最新AI技術を用いた場合、その壁はなくなり、外国からのサイバー攻撃にいとも簡単に騙されてしまいます。

セーフティとセキュリティ

なぜ、私がこのように熱弁しているかというと、ネット詐欺やサイバー攻撃の脅威との戦いこそ、私が取り組む情報セキュリティの本丸だからです。より多くの人がサイバー攻撃の実態に関心を持ち、どんどん泥《どろ》沼《ぬま》状態に陥《おちい》ろうとしているサイバー世界の現状を解決するために力を貸《か》していただきたいのです。

いまではだれもが当たり前のようにインターネットやデジタル機器を使っています。しかし、コンピュータが世に出てから、まだ80年ほどしか経っておらず、インターネットが一般に広く普及したのは今世紀に入ってからです。情報技術はまだまだ発展途上にあり、サイバー攻撃や社会インフラのシステムダウンなど、さまざまな問題を抱えています。

「セーフティとは偶発的なミスや故障など、悪意のない危険に対する安全。セキュリティとは悪意をもって行われる脅威に対しての安全」と、私は定義しています。いずれにせよ、セーフティとセキュリティはこれからのＩＴ社会において欠かせない技術なのです。

私は、東京電機大学の佐々木良一《りょういち》名誉教授（元内閣官房サイバーセキュリティセンター補佐官）に助言をいただきながら、ＩＴ技術が社会に悪影響を与える際のセキュリティリスクと対策について研究してきました。

セーフティ分野では潜在バグ（ソフトウェアの不具合・誤り）のない正統な解を得られるＡＩの実現や、セキュリティ分野ではコンピュータウイルスを無力化させることでサイバー攻撃問題を解決することを目指しています。また、これらの技術を応用した完全自動運転や意思決定ＡＩも研究しており、ＳＤＧｓの達成や世界の平和に貢献できる研究に育てていきたいと思っています。

人の生命と財産を守るセーフティ

情報セキュリティを研究していた私がセーフティにも取り組むようになったのは、ＮＴＴデータから情報処理推進機構（ＩＰＡ）に出向していたときのことです。

ＩＰＡはＩＴ社会の発展のため、情報セキュリティ対策やデジタル人材の育成に取り組む経済産業省の政策実施機関で、情報セキュリティの総本山ともいわれています。インターネットの進展にともなって、多様な機器・モノ・人がつながるIoT（Internet of Things）システムが構築されるようになり、人の生命や健康・財産に影響するセーフティを考慮する必要が出てきました。

私は、「STAMP」（システム思考のセーフティ先端技術）を提案したマサチューセッツ工科大学（MIT）のナンシー・レブソン教授と、「レジリエンス・エンジニアリング」を提唱したリンショーピング大学（スウェーデン）のエリック・ホルナゲル名誉教授という世界のセーフティ分野の二大巨匠《きょしょう》から何度も指導を受ける機会に恵まれ、日本のエンジニアにセーフティ技術を普及・展開する仕事をしていました。

レブソン教授は「なぜ、事故や事件から十分に学ばず、同じような過ちをずっと繰り返しているのか」との観点から、コンピュータ機器の一部分だけでなく、人や組織を含めたシステム全体からの相互作用モデルと分析を理論化し、想定外を求めるリスク分析や事故分析の方法を提示しています。

また、ホルナゲル名誉教授が提唱する「レジリエンス・エンジニアリング」は、「セーフティを、損害だけに目を向けるのではなく、うまくいっていることから学ぶ」という新たな考え方へ変革し、社会技術システムの事故・問題を克《こく》服《ふく》する理論です（レジリエンスとは、「困難を乗り越える力」を意味します）。

セーフティ分野の２大巨匠と呼ばれるレブソン教授（左）とホルナゲル名誉教授（右）とともに

私は、これらのセーフティ理論をサイバーセキュリティに応用する研究をしました。社会環境（組織・制度・構造など）と自然環境（自然本来の構成要素）における相互作用の分析へ拡張することで、自動運転などの重要課題に応用していくことが可能なこの研究は、現在の複雑化したITシステムの安全性分析において、非常に重要なものです。

潜在バグのないソフトウェアで事故を防ぐ

セーフティを探究《たんきゅう》するうちに気づいたことがあります。それは、「従来のセーフティ理論の目線はシステム機器と人のつながりが中心で、その対策はセーフティ分析を確実に行えば改善されるけれども、コンピュータを動かしている目に見えない存在であるソフトウェア自体にはフォーカスされていないのではないか」ということです。コンピュータは、ソフトウェアがなければ、ただの箱なのです。

プログラム作成では、入力と出力と処理フローという問題を解くための命令手順を決めます。この命令手順を「アルゴリズム」といいます。これをプログラム言語で書いて、コンピュータで処理させれば、アルゴリズムに従《したが》って動いてくれるのです。

世の中にはいろいろなソフトウェアが山ほどあります。大規模でレガシー（古い伝統的）なソフトウェアほど、さまざまなバグ（不具合・誤り）だらけです。コンピュータのソフトウェアをつくったことがない人にはピンとこないかもしれませんが、プログラムを大規模に、複数の開発者などがたくさん書いていくと、順序の間違いがあったり、違う名称を使ってしまったり、全然つながらない部分を発生させたりします。各所に問題を抱えたままでも、プログラムが動いてしまうことがあるのです。

なぜ、完璧な状態でソフトウェアをリリースできないのでしょうか。

過去につくったソフトに何度も修正や改良を加え、マイグレーション（既存《きそん》のシステムやソフトウェアの移行）をしながら使っていると、エラーやバグの可能性を全部はチェックできません。IT企業において、75パーセントをカバーするテストができれば称賛に値《あたい》するとされるのが現実なのです。考え得るすべてのパターンをテストしていたら、試験をしているだけでシステムが完成しないからです。最初から要件にあった正しい解（プログラム）でシステムがつくられれば、テストは無用なはずです。

バグを発生させないシステムは生産性が高く、バグ起因の事故を防ぎます。そこで、私は潜在バグ抽出《ちゅうしゅつ》の特許技術を活《い》かし、この問題解決の社会実装《じっそう》をはじめようとしています。

時折、スマホの大手キャリアや銀行のＡＴＭ、航空会社や鉄道の予約システムに「大規模な障害が起きた」というニュースが報じられることがあります。新しいシステムに入れ替えをすると、ソフトウェアに深刻なバグが発生して、システム全体が落ちてしまうことがあるのです。いままで通じていなかった水路に急

●情報処理用語

システム　多様なコンピュータ機器がつながったもの

コンピュータ
メモリーに格納されたプログラムに従って、計算や処理を高速に行う電子回路（CPU）を用いた装置

ハードウェア
コンピュータやその他の電子機器を構成する物理的な部品や装置の総称

ソフトウェア
コンピュータを動かすためのプログラムの集合

プログラム
コンピュータに指示を与えるための命令文の集合体

アルゴリズム
解法・問題を解決するための計算方法

プロセス
工程・過程・手順
（入力→処理→出力）

に水を流してみると、水路が目詰《めづ》まりを起こしたり、水道管が損傷したりするのと似たようなことが、デジタルの世界でも起きるのです。

私はＮＴＴデータの品質保証部に勤務していたときに、いろいろな事故に遭遇してきました。ＩＴやソフトウェアの仕事は、常にトラブルと隣り合わせなのです。私はセーフティとセキュリティの両方を研究しているため、研究領域はとても大きな範囲にまで広がります。

とりわけ重要なのは、人命にかかわる研究で、国際規格によって定められた厳密で高い安全水準が求められています。物理的な事故は人命を脅《おびや》かしますから、セーフティは、システムによる1億件に1件の間違いすらあってはならない厳密な世界なのです。

ＡＩによる自動運転

ＩＰＡでの業務を終えた私は、セーフティの業績を評価され、国立情報学研究所（ＮＩＩ）が進める「ＡＩの安全性の国家プロジェクト」に携《たずさ》わるため、今度はＮＩＩへと出向することになりました（2回続けて公的機関に出向した例はＮＴＴデータの社員としては「聞いたことがない」と言われました）。

ＮＩＩは情報学という新しい学術分野での「未来価値創成」を使命とする国内唯一《ゆいいつ》の学術総合研究所です。情報学とは、ＩＴ社会を支え、進化し続けている生きた学問です。ＮＩＩは情報学における基礎論から人工知能、ビッグデータ、ＩoＴ、情報セキュリティといった最先端のテーマまで、長期的な視点に立つ基礎研究および社会課題の解決を目指した実践的な情報学の研究を推進しています。

ＮＩＩでは、いままでまったくやったことのない「自動運転の安全性」というテーマに取り組むことになりました。自動運転車は、過疎化で公共交通の手段を失った地域や、運転免許を返納したシニア世代にとっては、安価で便利な移動手段となるでしょう。

私は自動車のことも、機械学習もまったくわからない状態でしたが、共同研究をしていた早稲田大学の吉岡信和《のぶかず》研究院客員教授やプロジェクトリーダであるＮＩＩの石川冬樹《ふゆき》准教授にお世話になりながら学びに学び、自動運転の事例を通じて深層学習ＡＩのブラックボックス問題や、システム全体からの安全性確保の問題に取り組み、１８０人の技術者に直接、聞き取りをして課題を浮き彫りにしていきました。

自動運転では、自動車の車載《しゃさい》カメラで物体検知をします。その際にビッグデータで学習した「人」「自転車」「車」「信号」「標識」など、画像にラベルを付けて学習させていますが、このラベルの未認識や誤認識を防ぎきれないという問題があります。たとえば、「ラーメン店の看板を進入禁止の標識と間違える」（下の写真参照）とか「横転している白いトラックを物体と認識できずに突《つ》っ込んでしまう」などです。

こうした課題を解決するため、大手自動車会社のトップ技術者や研究員からなる新たなプロジェクトが発足し、私はN

類似していることから、ＡＩの誤認識の可能性を指摘されたラーメン店の看板と進入禁止の標識を比較（ともに八王子市内で著者が撮影）

ＩＩの特任准教授として交通系実証実験のリーダーを務めることになりました。しかし、折しもコロナ禍《か》で、だれともリアルに会ったことのない中、すべてオンラインで進めるしかない状況でした。

「どうすればいいのだろうか？」

いつも切羽詰まっていましたが、ＡＩの安全性に関して、国立研究開発法人・科学技術振興機構（ＪＳＴ）の未来社会創造事業における最初のプロジェクトだったので、結果を出さなければなりません。

「どうすれば間違いのないＡＩが構築できるのか」「安全安心を担保したＡＩにできるのか」と、ひたすら関連論文を読み、技術を学び、独自の方法論を求めて研究を続けました。

結局、深層学習ＡＩ（157ページの図参照）もソフトウェアで成り立っており、ＡＩの複雑な推論の末に人間では不具合を直すことができないなど、多くの開発上の問題を抱えています。

私は、抜本的なソフトウェア・アルゴリズムの変革がなければ人命にかかわる厳密な安全性水準の達成や、完全自動運転（レベル５）の実現はできないと思っています（下の表参照）。すでに国内では、運転手がいなくても走れる自動運転レベル４の乗り合いバスやシャトルの実用化が進展しつつあります。また、運転手不足解消に向け、高速道路の一部ではレベル４のトラックを走らせる計

●自動運転のレベル分け

レベル	名　称	運転主体	走行領域
0	運転自動化なし	人	適用外
1	運転支援	人	限定的
2	部分運転自動化	人	限定的
3	条件付き運転自動化	システム	限定的
4	高度運転自動化	システム	限定的
5	完全運転自動化	システム	限定なし

［参考］ＪＳＡＥ「運転自動化レベルの概要」

画も進んでいます。さらに、2025年（令和7年）を目途《めど》に50カ所程度、2027年（令和9年）を目途に100カ所以上の自動運転移動サービスの実現を目指すこととしています。

今後、さらなる技術的ブレイクスルーと交通インフラの整備がなされれば、「自家用車でも混雑した街中でも、自動走行で渋滞なく、事故なく、快適に移動すること」「カーシェアや公共交通の組み合わせでスムーズに移動すること」「高齢者や障がい者でも自律型車いすで、一人で移動すること」などが可能になるほか、交通機関からのCO_2排出削減、地方の活性化や消費拡大にもつながるものなのです。

すべてはソフトウェアの脆弱性に起因する

次に、セキュリティについてですが、サイバー攻撃は、多くがソフトウェアの脆弱性《ぜいじゃくせい》（不具合）を突くことで実行されます。前述のようにサイバー攻撃が激増している理由は、多様なＩｏＴ機器のつながりでいくらでも攻撃を仕掛けられるということです。そして、今後、ＡＩが進展すれば、攻撃は格段に巧妙化し、簡単には見分けられない状況になっていくでしょう。しかし、そのサイバー攻撃に使われるＡＩもまたソフトウェアです。

「それならば、ソフトウェア自体を、脆弱性を起こさないつくり方に変えるしかない！」――これが私の出した結論でした。

そこで、コンピュータウイルス無力化と潜在バグを起こさないプログラムの開発方法（シナリオ関数）を発明した根来文生《ねごろふみお》博士に師事し、業務と並行して5年間にわたり技術継承を受けました。

ＩＰＡ時代の私は、シナリオ関数の特許が認可された直後に、その技術検証を担当したため、シナリオ関数の技術には、とても興味を持っていたのです。私が継承された技術は、根来博士により50年かけて生み出されたソフトウェアの在り方自体を変える画期的な発明です。バグ抽出など一部の特許は既存のＩＴシステムの資源でも十分活用できますが、これから出願する特許など多くのものは、並列処理コンピュータ（ＡＩやビッグデータ解析などに利用）にこそ向いているアルゴリズムであり、開発途上にある量子《りょうし》コンピュータの基盤として、真の実力を発揮させたいと考えています。

意思決定ＡＩの創造・開発へ

ＩＰＡとＮＩＩで合計６年間の出向期間を終え、ＮＴＴデータに戻った私は、知らない若い社員ばかりのＡＩ部門に配属されました。そこでＡＩリスクのガイドラインを執筆する傍《かたわ》ら、「Decision Intelligence」（意思決定ＡＩ）の先端技術調査を命じられ、格闘しました（社内能力認定で「エグゼクティブＲ＆Ｄスペシャリスト」という役員クラス以外がなれる研究分野での最高位の認定をもらっていたため仕事の難易度はとても高くなっていました）。

ロリアン・プラット博士が提唱した「Decision Intelligence」は、データサイエンスを社会科学、意思決定理論、経営学などの理論で補強する新たな工学分野です。つまり、ＡＩを意思決定に有効活用することで、さまざまな日常の意思決定から学問分野にまで、最善の意思決定を行えるように変革をもたらそうというものです。これは、ＩＴ分野最大手の調査会社ガートナーが「今後、数年間のうちに大企業の３分の１が競争優位性を高めるために意思決定モデリングを含むDecision Intelligenceを利用するようになる」と注目している技術で、非常にスケールの大きなデータ活用による未来の意思決定方法だといえます。この仕事をはじめてから、私は意思決定とは何かについて、思索を重ねています。

自然は生命体の集まりです。渡り鳥はだれに指示されることもないのに、きれいに隊列をつくり、大空に群れをなして飛んでいきます。サケは川の上流で生まれたあと、豊富なエサを求めて海へ渡り、大きくなったのちに故郷の川に戻ってきます。鳥には鳥の、魚には魚の、人には人の道があるように、生命体はすべて、「自然にもたらされる意思」によって生きています。

人生にはいろいろな岐路《きろ》があり、意思決定の連続です。目標を決めても思ったようにいかないことは多く発生しますし、迷いの連続に思えることもあります。しかし、どんなに想定外の事態が起こったとしても、すべてを活かしながら、夢を叶《かな》えていくことができる。最初は漠然としている夢が、さまざまな障害を乗り越えていくうちに、より具体化され、実現へと近づいていくのです。大切なのは、途中であきらめない心を持つことではないでしょうか。

「母として働きながら、子どもをきちんと育てたい」

「ＩＴ分野の博士になりたい」

「懸命に挑戦しながら生きる自分の姿で、周りの人を元気にしたい」

たくさんの夢や希望を抱えて欲張りに生きてきた私の「安全安心なＩＴ社会」という夢を実現するためには、ＩＴシステムにおいて根本的に存在する問題を解決していくことが不可欠です。

自らの生命をどう使うのか。その使命というものを人間一人ひとりが自覚し、だれもが生まれてきた意味を前向きに捉え、だれもが幸せに生きてほしい。そんな人間という生命体の限りない可能性を説き明かしている東洋の英知（＝仏法）を学んだからこそ、思えることです。まさに、私が生き方について感じていることと、私のつくりたいコンピュータシステムは共通しているのです。

「地球規模に広がった現在のＩＴシステムでの安全安心なシステムはどこまで構築し得るだろうか」

「この先の量子コンピュータの時代に向け、どうすれば完全性を持つＡＩを実現できるのだろうか」

「ＡＩ技術の軍事利用が進む中、世界平和のために科学は何ができるだろうか」

こうした問題提起で頭の中はいつもいっぱいですが、この研究開発で生命そのものを捉えて、生命を説き明かした宗教そのものを科学で証明できるようになりたいと願っています。

近い将来、必ず量子コンピュータ実用化の時代がやってきます。

量子コンピュータとは、現在のコンピュータで解くには複雑すぎる問題を量子力学の法則を利用して解くコンピュータのことです。いままで0と1だけで処理されていたコンピュータの計算原理が変わり、「超デジタル」の時代になります。現在のコンピュータで利用されている暗号は、スーパーコンピュータを使っても計算に1億年以上の時間がかかる計算困難性を根拠にしているものが多数ありますが、量子コンピュータが実用化されれば、いま、使われている暗号の多くは使えなくなります。それは、クレジットカードなどで使用されている暗号を瞬時に解読できてしまうからなのです。

現在のＡＩは、神経経路のモデル（ニューラルネット）など生命作用のごく一部の働きを用いていますが、量子コンピュータでは、生命作用自体を大きく捉えて処理できるでしょう。そんな時代にふさわしいＡＩをつくりたい。それを私は「Naturally Decision Intelligence」（自然にもたらされる意思決定ＡＩ）と呼んでいます。

ChatGPTの登場

２０２２年（令和４年）11月、アメリカのOpen ＡＩ社によるChat《チャット》 G《ジー》PT《ピーティー》の公開により、その高度な文章生成能力は世界中で驚きをもって受け止められ、生成ＡＩに対する関心が一気に高まりました。

生成ＡＩとは深層学習によりＡＩが自ら学習を重ね、その中で見出《みいだ》したデータの特徴や関係性をインプットするなどして、新たなコンテンツを生成する技術です。それまでの深層学習ＡＩは予測・分類が中心で、事前に学習したデータの範疇《はんちゅう》で判定します。

一方、生成ＡＩは自然な言語で答えを出しますが、深層学習のモデルが非常に複雑で、なぜそのような分析結果に至ったのかは検証できないブラックボックス問題を抱えています（157ページの図参照）。

現在、注目が集まる生成ＡＩには「Hallucination《ハルシネーション》」（幻覚《げんかく》）という、もっともらしいウソをつく事象が起きます。

たとえば、ＣｈａｔＧＰＴに「創価大学にはどのような学部がありますか」と尋《たず》ねると、「創価大学には以下のような学部があります。①文学部②教育学部③経済学部④法学部⑤理工学部⑥生命科学部⑦現代福祉学部⑧健康科学部。それぞれの学部には複数の学科が含まれており、多岐にわたる専攻が提供されています」と答えが返ってきました。実際には、創価大学には生命科学部や現代福祉学部、健康科学部は存在しませんし、逆に実在する経営学部、国際教養学部、看護学部が抜けています。どうしてこのようなことが起きるのでしょうか。

それは、もっともらしいが「事実とは異なる内容」や「文脈と無関係な内容」といった誤情報をＡＩが生成するからです。必要な情報が含まれていなくとも、学習データから予測した答えを作成するのです。予測は学習されたデータから確率的に出されています。つまり、正しい答えを得ていなくても勝手につくって答えるのです。

ちなみに、Ｃｏｐｉｌｏｔ《コパイロット》という生成ＡＩに創価大学の学部名を尋ねたところ、正しい答えを出すことが確認できました。ＣｏｐｉｌｏｔはＣｈａｔＧＰＴとは違い、リンク元をそのまま提示し、インターネットを通じて常に最新の情報を取得する方式をとっているからです。現状、Ｃｏｐｉｌｏｔのほうが利便性は高いでしょう。ただし、ＣｏｐｉｌｏｔでもHallucinationが起きないわけではありません。

　こうした原理を知らずに生成ＡＩの回答を鵜呑《うの》みにするのは危険です。まして、安全性にかかわる開発に用いることは問題を生じる可能性が高

●AIの区分図

人工知能（AI: Artificial Intelligence）

人工的な知能を実現しようとする技術全般。汎用AIと特化型AIに分けられる。AIの研究が進んでいる主な分野としては、アルゴリズム・音声認識・画像認識・機械学習・自然言語処理・推論・探索・データマイニング・ロボットなどがある。

機械学習（ML: Machine Learning）

既存データから規則性を学習し、その結果に基づき、新たなデータの分析（認識、分類、予測など）を行う技術。統計学をベースに確率的にデータを処理する。

深層学習（DL: Deep Learning）

ニューラルネットにより学習を行い、高精度な分析を行う技術。事前に学習したデータの範疇で判断・判定する。

生成AI（Generative AI）

深層学習によりAIが自ら学習を重ね、その中で見出したデータの特徴や関係性をインプットするなどして、新たなコンテンツを生成する技術。

いと言えます。予測・確率的判定ではなく、事実に基づいた意思決定が望ましいのです。会社の経営も、自動運転の判断も、まさにDecision（意思決定）だからです。行動に直結する判断であるDecisionは信用すべき答えを導き出すことが最重要なのです。

信用に足る答えを出すためには、このDecisionをもっと人間の認知・判断プロセスそのもののアルゴリズム（計算・処理方法）で処理させるAIが必要だと私は考えます。それが私の提唱する「Naturally Decision Intelligence」（NDI）です。さらに、NDIはシナリオ関数の「セーフティ＆セキュリティ」特性を兼ね備えます（なお、NDI構想の最初の研究は、IOS社国際ジャーナル『Intelligent Decision Technologies—AIの理論と応用への貢献を認められる卓越《たくえつ》女性研究者の特集号』の招待論文となり、「2023年国際女性の日」を記念して発行されました）。

人間の認知は「論理的な認識」と「直感的な理解」に分かれると考えています。「論理的な認識」とは、こつこつと勉強するように知識を積み上げて世界を認識していくことです。一方、「直観的な理解」は、「ああ、わかった」と理解した状態をＡＩで実現させることです。つまり、「直観的な理解」とは、複雑な要件、前提条件の意味を統合的に捉えて、ひらめくように選択的に答えを出すことをイメージしています。ひたすら知識を詰め込んでも答えが得られないのに、お風呂に入っているときや散歩しているときなどに、ふと、アイディアを思いつく感じです。これがＮＤＩによる同期型意思決定です。

「論理的な認識」のほうが合理的な判断ができそうに感じる人も多いと思いますが、将棋や囲碁のプロは直観的思考法をとっていることが脳科学の研究でわかっています。直観とはこれまで体験した膨大な情報を処理して、正しいものを瞬時に意識に表出させるプロセスと考えられ、意思決定する場合に不確実性が高いときは「論理思考よりも直観のほうが正しい」とも言われています。

人間の意図に合った正しい意思決定（判断）ができるＡＩが完成すれば、チャットで正しい答えも得られるし、安全で正しい制御をしながら走る自動運転車が実用化されるでしょう。

革新的アプローチとして注目されるシナリオ関数は、同期的に意味を捉えるアルゴリズムであり、意思決定ＡＩを構築するうえでの重要な基盤となるものです。このアルゴリズムを活かして、生命尊厳を基調とした判断により人を幸せにする最善の意思決定ＡＩの開発に挑《いど》んでいきたい。だれもが「自分には限りない能力がある」と気づくことで、自分自身を幸せにしていけるようなＡＩを創造したいと思います。

こうした研究が社会実装されて、ＩＴ大国・日本に生まれ変われる夢のような未来を、学生たちと一緒に創《つく》り上げていきたいのです。

「情報セキュリティ文化賞」を受賞

２０２４年（令和６年）３月15日、私は第20回「情報セキュリティ文化賞」（主催／情報セキュリティ大学院大学）を受賞しました。

「情報セキュリティ文化賞」とは、わが国の情報セキュリティ分野の進展に大きく貢献した個人を表彰し、情報セキュリティの高度化に寄与することを目的とするもので、この分野では、国内で最も大きな賞です。

情報セキュリティ大学院大学の卒業生では初めての受賞者となり、大学院でお世話になった皆さまにも喜んでいただきました。

〈表彰理由〉

産官学での豊富な業務経験を有し、株式会社ＮＴＴデータ在籍時に出向したＩＰＡ（独立行政法人・情報処理推進機構）において安全分析技術のセキュリティへの応用研究やその普及展開に公的な立場で従事されたことに加え、学術分野においては、従来なかったセーフティとセキュリティの統合的アプローチでＡＩ、ＩｏＴ時代のシステム安全、セキュリティ・バイ・デザイン等を探究し、ＤＳＷ（日本ソフトウェア科学会・ディペンダブルシステム研究会）２０２０最優秀論文発表賞受賞をはじめ、多くの顕著な業績をあげられているほか、日本科学技術連盟でセーフティ＆セキュリティ分科会を立ち上げ、同分野の教育を主導的に推進するなど組織を越えた精力的な活動により、わが国のセキュリティ分野の向上に多大な貢献をされたこと。（表彰式より）

国立情報学研究所（ＮＩＩ）の黒橋禎《さだ》夫《お》所長、情報処理推進機構（ＩＰＡ）の齊藤裕《ゆたか》理事長、アメリカ出張でお世話になったことがある情報通信研究機構（ＮＩＣＴ）の徳《とく》田《だ》英幸《ひでゆき》理事長、さらに関係省庁である経済産業省や総務省、文部科学省の３省からも評価を受け、産官学に推《お》されての受賞となりました。

この日、私の恩師である田中英彦《ひでひこ》名誉教授（情報セキュリティ大学院大学・前学長）とかつての上長である富《とみ》田《た》達《たつ》夫《お》博士（独立行政法人・情報処理推進機構顧問）も、「情

情報セキュリティ文化賞の授賞式で（2024年）

報セキュリティ文化賞特別賞」を受賞されました。このような場でご一緒できたことは、非常に光栄なことでした。それとともに、「私はどれほど多くの人に励まされ、応援していただいて、ここまでくることができたのだろう」と縁してきた方々に感謝の思いがあふれました。

田中先生はかつて、こうおっしゃいました。

「研究をやれば力がつく。なぜならば、研究は何かを新しく生み出すからです。元からあるものをただ勉強するだけでは、研究とは言えません。先人が研究した成果をベースに、新たに何を生み出せるか。ここが研究者に課せられた勝負です」

「研究の創価」を目指して

これまで創価大学は「教育の創価」として各所から高く評価されてきました。「社会を動かし、社会をリードしていく英知と創造性に富んだ、創造的人間をつくっていく最高学府」との気概で、創価の人間教育はなされてきました。また、箱根駅伝に象徴される駅伝部の大活躍で、「駅伝の創価」という看板は、いまや全国区になりました。

そのうえで私は今後、理工学部の研究成果によって、創価大学を「研究の創価」「知性の創価」と呼ばれる大学へと発展させていきたいと思っています。この取り組みに賛同し、力を貸してくださる人々がどんどん増えることを心から期待しています。

また、創価大学に限ったことではありませんが、理工系で学ぶ女子学生は少数派です。これから一流の女性エンジニア、女性研究者を多く育てていくことも私の使命だと思っています。

たいへん残念なことに2023年（令和5年）11月15日、創立者・池田大作先生が逝去《せいきょ》されました。

「人間教育の最高学府たれ」「新しき大文化建設の揺籃《ようらん》たれ」「人類の平和を守るフォートレス（要塞《ようさい》）たれ」

これは、創立者が開学にあたって掲げられた建学の精神です。創価大学は創造的人間の教育により、あらゆる分野の人材が新たな文明を築き、民衆の幸福と平和を守る要塞となるべきことを宣言されています。

実は、人間を教育することは、人工知能をつくることより難しいかもしれません。「教育とは、学生に生命を与えていくこと」との思いで、わが子のように学生を大事に守り育《はぐく》んでいくことが創価教育だと感じています。その学生たちが、研究の力で次代を理想郷へと切り拓《ひら》いてくれることを考えると希望が湧いてきます。

『創価大学50年の歴史』の巻頭に創立者が寄せてくださったメッセージには次のようにあります。

さぁ、創価の学友よ！　不二の同窓よ！　貢献と勝利の人生を、威風《いふう》も堂々《どうどう》と飾っていってくれ給《たま》え！　永遠に私と一緒に！

この地球《ほし》の　幸《さち》と平和の　ルネサンス
創価の太陽《きみ》よ　民衆《たみ》と照らせや

大好きな「創大学生歌」を、共に口ずさみ、生命に轟《とどろ》かせつつ開学60周年を迎える2031年（令和13年）の佳節に向けて、「真面目《まじめ》に、地道に、あきらめずに挑み続ければ、必ず夢は叶《かな》う」との心で研究を進めていったときに、どんな結果になるのか、私の姿をもって実験証明したい。

創立者がつくってくださった創価大学のキャンパスで取り組む私の挑戦は、まだはじまったばかりです。

あとがき

本書では、「あきらめずに人生の夢を追いかけること」をテーマに、男性×女性、文系×理系、科学×宗教、仕事×家庭、教育×研究といったいくつかの対立軸を自分の人生の中でどのように捉《とら》えてきたかを綴りました。なお、研究技術は変化の激しい世界なので、その時点の最新技術の記述であることをご了承ください。

序章で触《ふ》れた3つの夢の前に、幼稚園時代の私には、「友だちがたくさんほしい」というささやかな願いがありました。

そのころの私はいろんなことを考えているのに表現や行動ができない不器用な子どもで、自分からほかの子に声をかけることができず、「ともこ」という名前なのに友だちが一人もいなかったからです。

その後、小学校に入学してからは、だんだん周囲の環境に順応《じゅんのう》できるようになっていきました。自分の気持ちを素直に表現できるようになると友だちが増え、どんどん明るくなっていったのです。人間は月々日々に成長し、ときに生まれ変わったようにガラリと変身するものだということを、私は自身の体験や子育てをとおして実感しています。

だれびとも、「自分はこれがやりたい」と思う根源的な願いとそれを叶《かな》える使命の道を持つのではないでしょうか。そして、その使命を自覚して、夢を描いて実現しようとしていく人生は、だれにとっても幸せなのではないかと思います。

私は本来、自分に自信がない〝コンプレックスの塊《かたまり》〟のような人間で、夜中に暗闇《くらやみ》でひたすら動き回るハムスターのように、あるいは、泳ぐことをやめると死んでしまうマグロのように、常に動き続けていないと落ち着かない性分《しょうぶん》です。また、ミスが多いからセーフティを学び、騙《だま》されやすいからセキュリティを研究しています。

そんな私が今日まで、曲がりなりにも夢を追い続けていられるのは、本当に多くの方々にお世話になってきたからです。本文中に記載させていただいた方々をはじめ、これまでさまざまな縁を結んできたすべての皆さまのおかげで、「たくさんの友だちがほしい」という小さな願いも、その後の３つの夢も叶えられたように思います。

また、私にとって家族はいつも一番の宝の存在です。とくに小さな運送会社を立ち上げてより半世紀近く、いまなお、現役《げんえき》社長として働き、社会に貢献している父。いつも家族を励まし、孫育てに協力してくれた明るい母には、娘として感謝の言葉しかありません。そして、夫、息子たち、妹たち、叔母、いまは亡《な》き祖母にも、「ありがとう」と大きな声で伝えたいです。

私がいま、手元で大切にしている一枚の写真があります（下段）。

大白蓮華富士 ©Kenji Sato

そこには、私の原点となった「これから社会に出て、泥《どろ》まみれになるようなことがあっても、清らかに、懸命に生き抜いていこう！」という誓《ちか》いを表しているかのような美しいハスの花と富士山の光景が写し出されており、日々、心洗われる思いです。

最後に、人生の折々に数々の励ましを送ってくださった創立者・池田大作先生と、本書を手にしてくださったすべての読者の皆さまに心からの感謝を申し上げます。

また、このように貴重な機会を与えてくださり、出版の労をお取りいただいた第三文明社の皆さまに深く感謝し、御礼を申し上げます。

2024年7月　　金子朋子

金子朋子（かねこ・ともこ）

博士（情報学）。創価大学理工学部教授。株式会社ソフトウェア統一理論研究所代表取締役社長。

神奈川県横浜市出身。県立横浜緑ヶ丘高等学校から慶應義塾大学文学部に進学。卒業後、株式会社NTTデータに1期生として入社し、育児休業・時短勤務を経験する中で社内初の「テレワーク制度」を創設した。2008年より情報セキュリティ大学院大学で学び、2014年、同大学院で女性初の博士号を取得。2016年より情報処理推進機構（IPA）に研究員として出向した後、2021年には国立情報学研究所（NII）の特任准教授に。2023年4月、創価大学理工学部教授に就任。2024年、第20回「情報セキュリティ文化賞」を受賞。

日本科学技術連盟ソフトウェア品質研究会セーフティ＆セキュリティ分科会主査、AI/IoTシステム安全性研究会代表などを務める。主な著書に『セーフティ＆セキュリティ入門』（日科技連）など。

あきらめない心《こころ》で　お母《かあ》さんはIT《アイティ》博士《はかせ》

2024年9月8日　初版第1刷発行

著　者　金子朋子《かねこともこ》
発行者　松本義治
発行所　株式会社　第三文明社
東京都新宿区新宿1-23-5
郵便番号　160-0022
電話番号　03（5269）7144（営業代表）
03（5269）7145（注文専用）
03（5269）7154（編集代表）
振替口座　00150-3-117823
URL　https://www.daisanbunmei.co.jp/
印刷・製本　精文堂印刷株式会社

ISBN 978-4-476-03428-8